KB009061

세 여자의 사랑

세 여자의 사랑

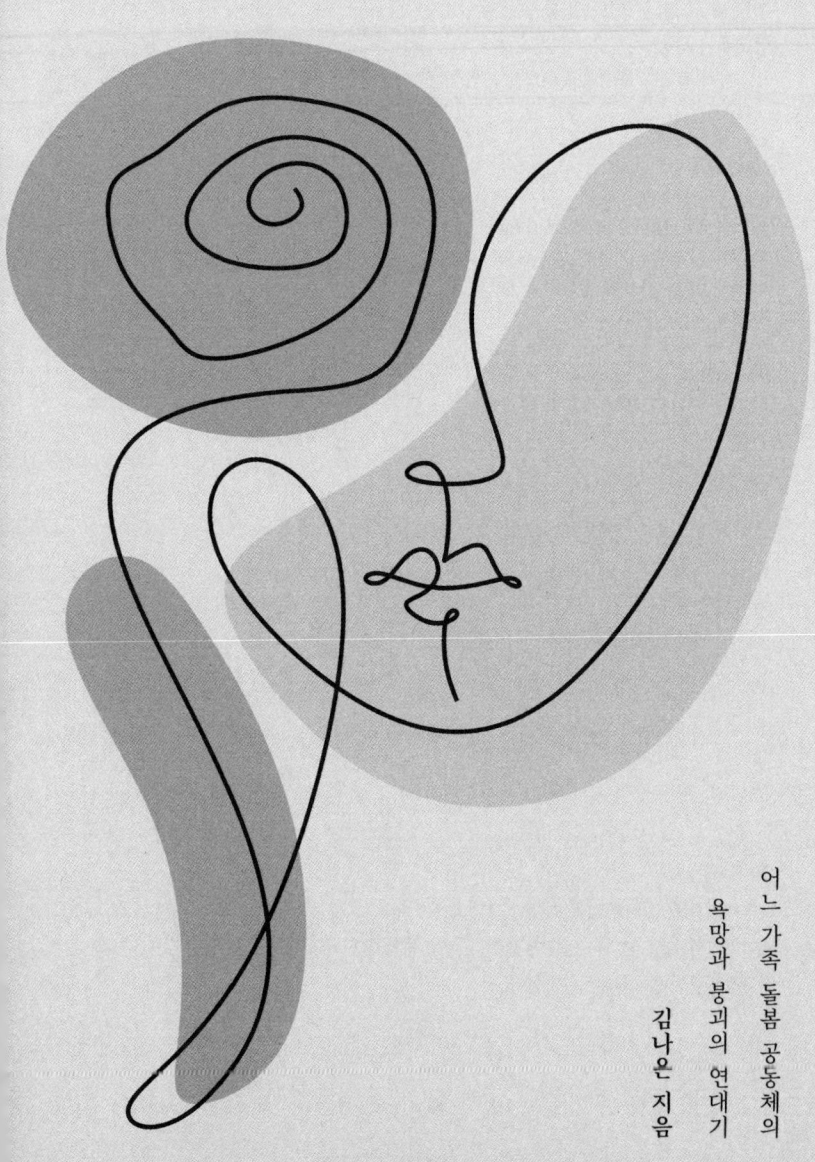

어느 가족 돌봄 공동체의
욕망과 붕괴의 연대기

김나은 지음

이매진의
시선
時線
17

세 여자의 사랑
어느 가족 돌봄 공동체의 욕망과 붕괴의 연대기

초판 1쇄 2022년 12월 5일
지은이 김나은
펴낸곳 이매진 **펴낸이** 정철수
등록 2003년 5월 14일 제313-2003-0183호
주소 서울시 동대문구 한빛로 49, 113동 1002호
전화 02-3141-1917 **팩스** 02-3141-0917
이메일 imaginepub@naver.com
블로그 blog.naver.com/imaginepub
인스타그램 @imagine_publish
ISBN 979-11-5531-137-0 (03300)

일러두기

- 할머니 임순의 사투리를 최대한 그대로 실었다.
- 이야기가 끝날 때마다 임순이 들려준 전래 동화를 한 편 실었다.
- 등장인물들 중 일부는 가명이다.

한 사람의 생애가 가진 힘

유임순은 1942년 충남 태안 시골 마을에서 태어났다. 7녀 1남 중 셋째 딸이었고, 스물여섯 살에 남편 김달웅하고 결혼해 아들 둘을 낳았다. 2022년 여든두 살이 됐다. 남편이 2년 전 세상을 떠난 뒤 고향 태안에 있는 아파트에서 홀로 산다. 가끔 절에 다닌다. 할머니의 약력이다.

할머니가 태어나고 56년 뒤인 1998년, 손주인 내가 태어났다. 나는 스물다섯 살이다. 할머니 고향에서 멀리 떨어진 수도권에서 학교를 다녔고, 대학교에 들어가서 아직 다니고 있다. 내 약력이다.

할머니와 나는 1년에 너덧 번, 명절이나 제사 같은 특별한 일이 있을 때나 만났다. 그럴 때도 아버지나 작은어머니 같은 다른 사람들이 함께 자리해서 단둘이 시간을 보낸 적은 거의 없었다. 할머니는 이야기를 시작하면 뛰어난 입담으로 손주들을 사로잡았다. 사실 대개 나만 빠져들었다. 할머니는 들어도 들어도 바닥나지 않는 옛이야기를 담고 있는 사람이었다. 혼자 남은 할머니는 종종 말했다.

"나 살아온 그 고통을 풀믄 책 열 권도 모자르다."

젊은 임순

나는 그 이야기를 매번 유심히 들었다. 노인 하나가 사라지면 도서관 하나가 불타는 일이나 마찬가지라는 격언이 떠올랐다. 할머니 이야기 속에서만 살아 있는 사람들이 있다. 증조할머니, 증조할아버지, 할아버지 등 지금은 사라진 할머니 삶속의 사람들 말이다. 나는 조금씩 흐려지는 할머니의 기억을 붙잡아 글자로 남기고 싶다.

처음에는 할머니 속에 있는 이야기를 받아 적기만 하면 된다고 생각했다. 시작하고 보니 스텝이 어긋난 춤 같았다. 받아쓰기가 아니라 다시 쓰기가 될 수밖에 없다는 현실을 깨달았다. 이 책에는 내 시각으로 닦고, 자르고, 재편집한 이야기가 담겨 있다. 가장 속 깊은 이야기는 할머니 마음속에 그대로 남아 있다고 예감한다.

할머니는 어떤 사람일까? 할머니가 통과한 삶은 무엇일까? 이 두 질문만 염두에 두고 글을 다듬었다. 아직도 답을 알수 없지만, 그 불가사의함이야말로 한 사람의 생애가 가진 힘이라고 믿는다.

이 책은 할머니의 삶에 관한 이야기이지만 내 이야기이기도 하다. 할머니에서 시작해 나에게 이어지는 한 가족의 역사에 관한 이야기이기 때문이다.

이야기를 하러 할머니를 처음 만난 날은 할아버지가 돌아가신 지 1년하고 하루가 지난 날이었다.

차례

여자는 글 배우믄
여수가 된다

"이야기라고 혀봐야 뭐 있겄냐. 그냥 여기 시골서 농사짓구 결혼허구 자식 낳구 킨 그게 다지. 뭐 역사책에 나올 먼헌 대단한 거 웁따."

"대단한 거 없으면 어때요. 할머니 살아오신 이야기 자체가 충분히 역사인데."

"내 나이가, 인제 여든 하나지. 할아부지보다 한 살 적다."

"그럼 1943년에 태어나신 거네요. 일제 강점기 말이에요."

"나는 몰른다, 그런 거. 이끔에나 시상 좋아져서 몇 년도, 몇 년도 이러지 난 그냥 살었어. 숫자루 몇 년에 먼 일이 났고 한 그런 거는 몰른다. 할아부지는 비얌띠, 나는 말띠. 그걸루 계산허지.*

팔남매, 내가 셋째 딸이구, 내 밑에 남동상 하나 있지. 그 밑이루 여자 넷을 죽 낳아서 딸만 일곱이었다. 어릴 때 우리 할무니가 나를 이뻐헜어. 내 바로 밑이루 남동상 봤다구. 우리 어무니가 지금 남동상 낳기 전에 애기를 가졌는디, 그건 5개월인가 얼마만이 그냥 자연 유산이 됐드랴. 근디 할무니가 그 떨어진 애를 살펴보니께 걔가 아들이여. 아깝지. 그렇게 유산되구 다음에 얻은 게 지금 남동상이다. 그려서 나랑 걔랑 다섯 살 터

* 임순의 주민등록상 생일은 1943년 12월이다. 1942년생 말띠가 올해 여든한 살이니 호적에는 1년 정도 늦게 올라갔다.

울이여. 우리 친정아부지두 독자인디 남동상도 독자니 아들이 없어서 아까워혔지.

초가집에 농사나 짓구 살긴 했어두 뼈대는 있는 집안이었다. 버들 유씨. 우들 어릴 때부텀 할아부지가 말했다. 세상 없어두 늬들 이름은, 그 본적은 어딜 가든지 죽을 때꺼정 잘 대야 헌다구. 아부지 어무니도 그랬어. 서령 유가 버들 유씨, 워딜 가든지 이렇게 이름 대믄 대뜸 양반이라구 헌다구, 이. 이름이 자손이루 이어지는 거니께 양반이루 보기 드문 파라구, 얘기 많이 들었다.

작은 아부지네가 서당 했어. 남동상은 거기 가서 천자문 외고 그러는디, 여자들은 배우믄 여수 된다구 안 갈쳤다. 주변에 나는 왜 핵교 안 가냐고 허니께 아부지가 '여자들은 배우는 거 아녀. 여자는 글 배우믄 여수(여우)가 되서 안 되야'라고 허드라. 그래서 내가 '아니, 사람이 워치케 배운다구 여수가 되남요' 물었지. 그랬더니 '그냥 그런 겨' 웃고 대답은 안 해주더먼.

핵교 못 갔어. 우리 형제 중에 내가 최고 못 배왔다. 나랑 내 바로 위의 둘째 언니만 핵교 못 대녔어. 우리 젤 큰 언니두 초등핵교 나왔다. 남동상은 서당도 대니구 핵교도 대니구. 여동상들두 초등핵교, 중핵교까지는 나오구. 근디 나는 안 갈쳐 주드라구. 왜 나만 안 보내줬는지 몰르겄어. 날 안 보내주니께 내가 물었던 거 같어. '왜요? 언니는 워째 공부혀두 되는디 나

—

는 안 되야?', '언니는 공부혀두 되는디 너는 안 돼', '왜?', '왜든
지 너는 안 되여' 그러믄서 안 보내주니 그냥 못 갔지.*

남동상이 한문 배우러 서당 갔다오믄 할아부지가 앉혀놓
구 배운 거 읽어보라구 시켰다. 그러믄 할아부지가 '이거는 날
일 자다. 이거는 점을 하나 찍어야 헌다' 이래 싸는 걸 옆이서
봤지. 남동상 배운 거 외우고 그러믄, 난 쬐그마니께 귀동냥으
로 거기서 한문 외는 소리 들으마 혼자 따라허고 했댜.

하늘 천 따 지, 검은 현 누를 황, 집 우 집 주. 이건 노래마
냥 기억에 남어. 날 일 달 월, 찰 령 기울 제, 날 현 나무 해, 클
태 구슬 옥. 기억에 다 있는디, 나두 인제 잊어서 움따. 원체 세
월이 갔구, 마음 속이루 노래허듯 허는 것두 인제 가사가 가다
끊어진다. 그때는 여자들, 뭐 워디 볼 것두 갈 것두 없이 가정
만 지키구 살았으니께. 그저 그런 게 당연한 건 중 알구 살구.
넘한티 욕 안 먹게 살게 허구, 기냥 유씨네 자손 점잖단 소리
듣게 얌전하게 살구."

"할머니 이름은 누가 지어주셨어요?"

"할아부지가 지었을 터지. 돌림자여. 나는 임순이, 큰언니
을순이, 둘째언니 경순이, 임순이 다음 남동상 대근이, 그 밑이
루 희순이, 달순이, 정순이, 영순이. 내 이름 부르는 사람 많지

* 임순은 글자를 모르고 공부하지 못한 괴로움을 반복해 이야기했다.

는 않앴다."

"이름이 아니면 할머니를 뭐라고 불렀어요?"

"나? 유가네 딸년. 다른 디서는 유가네 언년이. 어무니 아부지 계시는 디서는 유가네 따님. 내 친구들이야 내 이름 부르고 대녔지."

"딸이 일곱인데 다 유가네 딸년이라 부르면 헷갈리겠다."

"형제라구 다 같이 대니나. 언니는 언니대루 대니구 나두 나대루 대니구. 다들 우르르 모여 다니지는 않았응게. 집집마다 하나씩 가면 저게 유가네 언년이, 유가네 딸년, 그렇게 불렀다. 할아부지가 그전이 대문이다 입춘대길 써서 붙이구. 친구들 오믄 시조 헌다구 한 것두 알구. 집 밖이 정자나무 있는 디 앉어서 (우렁찬 목소리로) '청사아아아아안 지구우우우우우우' (임순이 자기 허벅지를 친다) 이렇게 해가믄서 탁탁 부채 쳐가마 시조 허믄, 엄마들이 술 갖다가 내다드리구, 그런 기억은 있다.

우리 아부지가 조실부모혔어. 아부지 엄마가 아부지를 낳아놓구 월마 안 가서 돌아가셨디야. 그려서 둘째 처를 얻었는디, 그기 나 이뻐한 그 할무니여. 그 할무니도 첫 결혼이 아니라 두 번째 결혼이었더드만. 우리 할아부지랑 결혼하기 전이 딴 디서 자식을 하나 낳았었디야. 딸 하나. 할무니가 우리 아부지를 젖 멕여 키웠다는 말은 들었다. 아부지가 하도 어릴 때 엄마

—

잃구 젖배 곯아서. 할무니가 어무니보덤두 나 이뻐혔어. 머리도 땋아주구.

다들 머리를 지다랗게 땋고 살았지. 빨건 댕기가 시 개 있었어. 하나는 머리에 매구, 나머지는 살짝 빨어서 말리구. 그거 땋을라믄 시 갈래로 나눠야 혀. 그런디 사람 손이 두 개니께 하나는 왼쪽 지드랑이에 끼구, 하나는 오른쪽 지드랑이에 끼구, 남은 걸 누가 뒤에서 잘 매만져서 땋아줘야 머리가 이쁘게 반듯하게 땋아져. 혼자서는 앞으로 돌려 땋아야 하니께 반듯허게 안 되지. 혼자 땋은 사럼들은 삐뚜름허니 다 티났다. 나 어려서는 할무니가 앉혀놓구 빗으루 싸악싸악 빗겨가마 땋아주구, 끝에 빨간 댕기 매주믄 내 머리에 아주 차른한 기가 돌구 이뻤다. 나 낳구 아들 봤다구 우리 할무니가 다른 성제들보덤 나를 더 사랑 줬어. 할무니가 내 머리 쓰다듬으마 '우리 손녀딸 이뿌지? 남동상을 둘이나 봤으니. 저년들은(임순의 여자 형제들), 저노무 새끼들은 남동상도 못 보구' 그렸댜."

"할머니 아버지는 무슨 일 하셨어요?"

"우리 아부지? 아부지는 벼랑(별로) 일 안 혔다. 그래두 뼈대 있는 집안이라구 점잖게 사는 게 중혔어. 기냥 얌전허게 뒷동산에 가서 나무 긁어와 주믄 어무니가 밥 허구, 워디 돈 벌러 다니구 품 팔러 대니구 그런 건 몰렀다. 어무니가 베필을 장에 가져다 팔구, 농사일혔지. 우리 마을은 질쌈혔어. 누에 치고 뽕

따구. 농사짓구. 베 짜구. 육이오 터졌을 때 내가 한 일고여덟 살 먹은 거 같어."

"마을에 일본 사람들은 없었어요?"

"몰러. 놋그릇이고 수저도 죄다 뭐 전쟁 나가는디 쓴다구 다 쓸어서 갖구 갔다는 말 으른들헌티 듣구. 말 타고 다니는 사람들은 있었지. 일본 사람들인지 뭔지는 몰러. 신작로에 가믄 그 사람들이 큰 말 타구 제복 입구, 기다란 대나무 장대 같은 거에 깃발 꽂어서 막 길에서 왔다갔다 흔들고 다니는 건 봤지. 무섭대. 원제 팔월 초이튿날, 제사 지내야 허는디 밤에 불두 못 켰어. 불 키믄 다 보고 찾아온다구. 그러구 사는디두 몇 번 그 사람들 왔었지. 머리에 투구 쓰구. 어무니 아부지가 말두 조심허구 설설 기는 식으루 대하믄서 떡두 주구 허니께 그거 먹구 가드라구."*

"6·25 전쟁 때는 어땠어요?"

"콩밭 가서 숨었다! 하늘에서 막 연기가 나구 팡팡 총소리 나믄 콩밭에 가서 엎드리라구. 근디 총 쏘는디 콩밭에 가서 숨으믄 산다니? 미련헌 거지. 무신 방에서만 나가믄 사나, 그저 콩밭이루 가서 고랑에 엎드리라구. 그래두 시키니까 열심히 혔

---

* 광복 때 임순은 만 3세였다. 전해들은 이야기이거나 한국전쟁 때하고 헷갈릴 수도 있다.

지. 총 드는 소리만 들려두 막 퇴끼처럼 쨌지. 작은아부지는 나더러 내 남동상 대근이 데리구 빨리 일 오너라 하믄서, 대 이어 갈 자손이 하나뿐잉게 혹시 잘못될까 봐 그렇게 소리지르마, 갸는 데리구서 작은할무니네로 가구. 우들은 콩밭이 가구.

아부지는 원제 싸우러 나간다구, 나 아주 쬐그마할 때. 쌀이랑 보리 볶아다가 허리다 묶구, 동네서 다 남자들 데려다 전쟁하러 간다더라구. 가믄 살아오진 못헌다구 식구들이 다 걱정허구 그랬지. 아부지가 지게다 짐 잔뜩 지구, 곡식 주머니 차구 줄줄이 걸어서 갔지. 차두 없으니께. 인제 죽으러 간다구, 사람들이. 근디 그렇게 걸어가는디 해미고개 워디께서 수복됐다드라. 휴전인지 뭔지 전쟁이 아주 각단이 나서 갈 필요 없다구 거기서 도로 집으루 돌아왔드라구. 나흘만이, 아부지가.

으휴. 그때는 난리나믄 다 죽는 중 알었어. 방에선 이불 덮구, 벼개(베개)로 머리 막으믄 총 쏴두 안 들어간다구 쓰구. 방에서 문 꼭 닫고 이불 덮구 벼개 쓰구 엎어져 있는디, 야, 어린 마음으룬 못 허겄드라. 더워서 땀 뻘뻘 흘리마. 미련혔지. 테레비가 있나 뭐가 있나. 그저 사람들이 삼팔선 워디까지 넘어왔다믄 그대루 믿구.

동네 이장 보는 칠종 애비라구, 부잣집이었다. 인물도 좋구 잘생겼었지. 그 집에 머슴이 있었어. 생전 머슴을 오래 살었지. 그저 일허구 살었으니 돈 메놓은(모아놓은) 것두 많았겄지. 삼팔선 터져 갖구, 인제 다 죽었다구 사람들이 그러니께 그 머슴이, '에이, 다 죽는 거 메놓은 게 뭐 쓸모 있냐. 죽으믄 돈 두 뭣두 다 쓸모 없으니께 다 먹구 쓰구 죽어야지. 메놓을 거 없다. 죽으믄 다 끝이다' 이랬나벼. 그러니 그 월급 받어서 쫌 메놓은 거 죄다 먹구 마시구 사구 하믄서 다 써서 없앴댜. 근디 안 죽지, 삼팔선이 안 터졌응게. 벌어놓은 돈만 다 쓰구. 가진 건 없지, 몸땡이만 있지. 그때 우리 집 뒤편에 절굴이라구, 절 지었다가 무너져서 터만 남은 언덕 꼭대기가 있었는디, 그 머슴이 그 꼭대기에 올라가 아주 소리소리 지르마 울었다대.

'삼팔선 터진다고오오오! 삼팔선 터지믄 다 죽구, 암것두 남는 거 없으니께, 그냥 죽으믄 되는 거 다 먹어뿔릴라고 먹어뿌리니께 삼팔선은 안 터지구, 뭐 먹구 살으라구 씨팔 삼팔 안 터지느냐구.'

동네에 그 머슴 미련헌 이야기가 소문나서 몇 년 몇십 년 갔다. 미련헌 사람 보믄 아무개네 머슴 다 먹구 삼팔선 안 터진다구 소리 지르듯 헌다구.

그 예전에는 북한에서 간첩도 막 내려 보냈다. 우리 마을 두 북한서 온 간첩 있다구. 산 너머 집이루 뭐 갖다주러 갔는디, 그 남자가 오노서 대문간에 서 있으니께, 그 집 아지매가 밥을 갖다줘, 보리밥을. 남자가 털이 잔뜩 났대, 얼굴에. 밥을 찔찔찔 흘려가마 먹으믄서 땅에 떨어져서 흙 묻은 밥두 그냥 집

—

어먹구 그러대.

'옴마, 그이는 밥두 흘린 거 다 주서 먹구 그러대. 흙 묻은 놈두 막 먹대.' 내가 집 가서 그랬지. 그러니께 으른들이 '북한서 간첩으루 넴겨 보낸 사램, 막 불령헌 짓 허구 대닌 사람이 잽혔다구 헌다' 그러드라구. 그 남자가 간첩이어서 붙잡혀 갔다구 허드라구.

사람들이 그 남자를 우물가에다 잡아다 놓구, 찬물을 한 바가지 부었댜. 그랬더니 '아이구, 차가워' 막 소리를 냈다더만. 그때까지 벙어리 노릇 허믄서 아무 말두 않던 사람. 그래서 왜 말헐 줄 알믄서 아무 말두 안 허구 돌아다니냐구 막 추궁을 허니께, 그제서야 토설을 했다드라.* 어수룩헌 사람들, 참 나, 무신 콩밭에 가 엎드리면 산다구."

"마을에 군인 오거나 죽은 사람은 없나 봐요."

"전쟁 났다구, 사람들이 집집마다 굴 팠다. 밤굴이라구. 군인들이 파라구 명령헸다드만. 막 쳐들어오믄 거기 들어가 숨으라구. 군인들이 우리 집까지 쳐들어오고 허진 않았는디, 우리 집이야 벌벌 떨구 얌전허게 살았응게. 근디 마을서 이장이나

---

* 근흥면 두야리는 한국전쟁 때 대규모 민간인 학살이 일어난 곳이다. 많은 청년 남성이 부역 혐의를 받거나 고발을 당해 산이나 바다에 숨었다. 이 사람이 간첩인지 아니면 몸을 숨긴 주민인지 알 수 없다.

그런 사람들 다 끄집어내다 쥑였어. 그래서 도망가구. 그거 쪼금만 헌 사람 죄다 잡아갔지. 구덩이다가. 산에 가믄 구덩이 있었어. 월마나 깊구 컸는지 아니? 이끔두 있을지 물러. 아주 이 방바닥 몇 배가 되는 질푹허니 큰 구덩이가 있더믄. '다시 3차 전장이 터지믄.' 어무니가 말허드라. '옴마, 3차 전장이 뭐여?' 내가 물었지. '그건 우리나라만 아니구, 전세계가 하는 전쟁이여. 그것이 겨울에 다시 터지믄, 그때 여기다 구덩이만큼 큰 폭탄을, 아주 땅은 뒤집어지구 하늘은 널라가구 다 없어지는 폭탄을 묻을 거여.'

　　사람들이 맨날 저녁이믄 그 구덩이 팠다. 나두 어려서 철 물를 때 몇 번 가봤지. 깊어, 뻘겋구. 나무도 못 나서 멀리서 봐두 붉게 땅 벗겨진 거 보인다. 가까이 가믄 아주 깊구 시뻘개. 내려다 보믄 아찔허니 내가 그 안이루 떨어질 것 같은 마음이 들어서 무섭드라구. 무서웠지. 그 구덩이 판 산 아래, 거기다 차에 태운 사람들을 죄 끌어다가 세워놓구 총질허믄 그 소리가, 서너덧 시간을 끊이질 않구 계속 났다. 끊기지두 않구. 총소리가 계속……."

　　"그 사람들은 먼 곳에서 잡혀온 거예요?"

　　"유치장서 있던 사람들. 그땐 경찰소라 혔지. 야중이(나중에) 들어보니 죄두 없다 허대, 죄 없어두 기냥 죽였다대. 남자들은 숱허게 죽었지. 그때가 9월 달이여, 모아다 다 쥑인게. 그때 우들은 하루 웬종일 총질을 허대니께 뭐 담시 저리 총을 쏴대나 허구, 잠두 못 자구 문 뒤에 모여서 떨구 있는디, 차로 두차 실어다 쥑였다대. 트럭같이 생긴 큰 차.*

가을 고추 따고 헐 때. 시체 찾으러 부모들이, 친척들이 막 오갔다, 그 길을. 송장을 기냥 기다란 나무 작대기 묶어다가 거기 올려서 갖구 갔지. 경찰소 가니께 여기 산이다 데려다 다 죽였다고 했응게 찾으러 오야지.

근디 그 사람들이 밤에 오노 갖고 우리 집 문을 막 두디려. 문 열어달라구, 그날 밤에, 대문을 막 흔들어. 무섭지. 어무니가 나가려니께 할아부지가 내가 나가주께 허구 문 열었지. 삽을 달라고 허드라고. 송장 찾으려믄 땅 파야 쓰니께 그랬겄지. 근디 그때 우리 집 삽이 가운데가 금이 쩍 갈라졌었어. 아부지가 삽을 보여주마 '우리 집 삽은 다 절단나서 금이 갔시유' 했는디, 그거 달라구 갖고 가버렸다.

마을에서 붙잡혀간 사람은 많앴지. 죽은 사람은 싯 있었다. 선생, 선생질 허는 사람들, 순경질 허는 사람들 쥑였응게. 이렇게 뭐 쪼끔 알구, 뭐 헌 사람들, 젊은 사람들.

젊어서 장가 못 들구 죽은 그 사람들 데려다 큰길 옆이다

---

* 두야리 인근에서 확인된 한국전쟁 집단 학살지는 수룡리 성굴과 두야2리 마을회관 뒤 교통호 두 곳이다.

묻었다. 길옆에 묻으마 죽어서두 여러 사람들 지나다니는 거 보라구. 신씨네 아들이 당혔지. 외아들인디 장가가서 아들 형제 낳아서 선생질하던 사람이었어. 그 집이 잘살았다. 집두 무진 좋아서 담쭉(담벼락) 지날러믄 한참을 '후유' 하고 걸어야 지날 만큼 컸어. 엄마 따라서 남동상 운동회 구경 가믄, 신씨네 엄마두 손자 둘 핵교 다니니께 운동회 왔지. 그 엄마가 거기 오면 그렇게 계속 울었어. 내가 어무니헌티 '옴마, 그이는 왜 그렇게 운다나?' 하고 물으믄 그려. '아들이 그 핵교 선생질 허다 죽었다. 거기서 애들은 뛰지 선생들은 돌아다니지, 눈물이 안 나올 수 있나. 긍게 그렇게 울지.'

그 엄마두 3년 전에 죽었다 허대. 손자 하나는 선생 하구, 하나는 서울 워디서 산다드만. 자식만 낳아놓고 월마 살두 못 하고 간 아들, 오죽 아프겠나. 남편은 죽으믄 담 너머에 묻구 자식은 죽으믄 가슴에 묻는다 허더니, 나는 몰랐다, 그 뜻을. 어무니헌티 '옴마, 사람을 담 너머에다는 왜 묻구, 가슴에다가는 왜 묻어?' 물으먼은, 어무니는 '느들이 그 뜻을 아나, 어린 것이' 이렇게만 말허구, 옆이 있던 할무니가 '신랑은 죽으믄 세월 가믄 잊혀진다. 세월 가믄 잊기에 담 너머에 묻구, 자식은 죽으믄 평생 죽는 순간까지두 가슴을 아프게 허구 가는 게 부모다' 그랬지.

나두 테레비 보다가 우둘우둘허니 허허 잘 웃는 사람 나

—

오먼은 우리 종규 생각이 나. 벌써 18년이나 됐는디, 그애가 이
끔두 있었으먼, 컸으먼, 우리 종현이랑 서로 의지하구 살았을
텐디. 종현*이두 이렇게까지 되지는 않았을 턴디.

　　종현이가 저번에 혼자 오노 여기서 밥 먹으마 그드라구.
'어무니, 너무 외로워요. 정말로 외로워요.' 힘없이 그 소리를 허
드라. '애비, 말혀봐.' 내가 그랬다. '엄마는 잘잘못을 가리지 않
고 가만히 들어줄게. 그러니 말혀봐.' 그애가 '할 말이 뭐 있겄
슈. 그저, 외롭고 마음이 괴로워요' 허드라구. 늬 엄마랑 자주
만나니?"

　　"아니요."

　　"저번에 두어 달 됐을 거다. 갑자기 늬 엄마가 전화 와갖고
는 '다 내놓고 그 집 가서 살아요!' 그래. 은수네로 가라고. 다
내놓고, 아파트는 늬 애비한테 주구 은수네 가서 살라구 허드
라. 늬 아버지 빚 많아서 힘들게 사는 거 뻔히 알먼서 내가 갖고
있던 땅 명의를 은수네다 이전해줬다구. 나가라구."

　　"땅이요?"

　　"근디 그건 늬 엄마가 신경쓸 게 아니다. 명의만 내 이름으
루 돼 있지 원래부텀 종규 거였다. 할아버지두 그건 은수네 줘

---

* 종현은 내 아버지다. 올해 쉰다섯 살이고, 이혼했다. 종규는 임순의 둘째 아들이고,
2003년 급성 심근 경색으로 사망했다.

야 헌다구 몇 번 말했구. 그러니까 니 엄마가 또 '애 아빠랑 재결합할까 했는데 애들이 살지 말라 그래서 안 살라구요!' 그러더구나. 늬들이 살지 말라 그랬다구."

"제가요? 기억 안 나요."

내 엄마와 땅 명의 이전에 얽힌 이야기는 전체 대화의 4할을 차지할 만큼 많이 나온다. 임순의 삶에서 아들과 며느리가 중요하기 때문에 이 이야기도 함께 넣기로 한다. 돈과 땅, 채무가 얽혀 그다지 깔끔하지 않다. 복잡하게 엮여 있고, 설명하기 쉽지 않지만, 이해를 도울 만한 몇 가지 사실을 적어둔다.

내 엄마 이름을 도희라고 하자. 종현과 도희는 9년 전 이혼했다. 임순 명의로 된 3000평짜리 논이 있었다. 종현은 여러 번 대출을 받았고, 혼자 사는 지금도 많은 부채와 이자를 갚고 있다. 임순은 남편이 사망한 뒤 그 논을 둘째 아들 종규네 가족에게 넘겼다. 종현은 실망했고, 임순을 미워했다. 임순의 남편이 묻힌 선산의 명의자는 도희다. 도희가 그 산을 갖는 대신 은행 대출금 4000만 원을 떠안고 매달 70만 원 이자를 갚겠다고 했다. 땅이 남한테 넘어가지 않게 잘 간직하다가 아이들에게 물려주겠다는 뜻이었다.

명의를 넘겨받은 도희는 여섯 달째부터 이자를 내지 않았다. 고향이 재개발에 들어가 도희네 집도 보상금을 받게 된다. 임순은 얼마 전에야 이런 사실들을 알았다.

—

"초하룻날인가 종현이 오노서 상갓집 간다 허대. 돈이 없다구, 부줏돈 내야 하는데 10만 원이 없다구. '어무니, 10만 원 돈 있걸랑 나 좀 주요.' 내가 줘서 받어서 갔다. 현관문서 받구 그냥 갔어. 집에 들어오지두 않구. 느이 엄마가 종현이 빚이라두 조금 갚아줬으믄 우리가 이렇게 심들게, 집안이 다 이렇게 되지는 않았을 텐디. 그저 너희들, 자식 키운다구 밖으루 뛰구 나돌구, 그 많은 돈을 그냥 다 쓰구. 그러니 종현이두 그 세월을 저리 고생만 헌 거지. 늬들두 인제 다 컸다. 지금까지는 아부지 돈 받구 편케 살었응게, 더는 도움받지 말구 언니랑 너랑 서로 마음 모아가마 돈 좀 메서 아부지 돈 좀 갚아주고."

"저희가요? 그럴 돈이 어디 있어요. ……할머니네는 무슨 일 했어요?"

"질쌈, 옷 맨드는 거. 우리 마을은 그거 했어. 테레비 보니까 베 짜는 틀, 물레도 골동품이라구 나오구 막 그러드라. 그게 다 있었지, 우리 집두. 이끔은 워디 갔는지 다 사라지구 없지 먼. 질쌈 많이 했지. 누에 치구, 뽕밭이 가서 뽕잎 따다 누에 주구. 누에 실이 머리카락만큼 가늘어. 할무니 할아부지가 그 실 뿌리 쪽을 둘둘둘둘 감어서 말믄 그게 한 다발이 나와. 나는 그 다발을 받어서 방 한 켠에다 놓구, 할무니가 실 주구, 나는 그거 받어서 한 다발 한 다발씩 나눠서 놓구. 그렇게 혔다.

이끔 여름이니께 삼베 철이네. 삼베는 만들라믄 째야 해.

다리를 이렇게 주욱 뻗구 삼베 천을 째. 그럼 그걸 마당이다 널어야지. 줄 시 개, 네 개 매서 바지랑대로 받쳐가마 길게, 마당 한가득 삼베 짼 덩어리를 널어. 삼베가 밤이 밤이슬을 맞으면 시퍼렇지 않구 눌멍허게 좋아진다구. 한밤 삼베를 넣어놓구 그럼 둘레둘레 감어서 삼 짼 게 두껍게 한 열 다발 맨들어진다. 그러믄 인제 겨울이는 삼 삼구, 여름이면 베 짜구."

'삼베 째기'란 햇빛에 말린 삼 껍질을 손톱과 이빨로 갈라 길게 훑어내려 '삼 가락'을 만드는 작업이다. '삼베 째기' 과정이 끝나면 '삼 삼기'가 있다. '삼 삼기'는 한겨울에 미리 만들어둔 삼 가락의 끝과 끝을 연결해서 긴 올을 만드는 과정이다. 여러 공정을 거친 뒤 비로소 '베 짜기'를 끝으로 삼베 천이 완성된다. 사실 이런 내용은 길쌈 과정을 찾아보고 알게 된 지식이고, 인터뷰할 때는 임순이 하는 말을 완전히 오해했다. 삼 껍질을 긴 머리카락 다발처럼 만드는 '삼 째기'는 가위로 삼베 천을 자르는 일이라고 생각했고, 입으로 물어 무릎에 올려놓은 뒤 손으로 열심히 비비는 '삼 삼기'는 뜨거운 물에 삼베 천을 삶는 일이라고 생각했다.

"삼을 밤이 밤이슬이다 널으믄 시퍼렇지 않구 좋다진다 혀서, 이, 이렇게 이렇게 널어."

"널어? 어디다가 널어요?"

"바지랑대에다!"

—

"바지랑대가 뭔데요?"

"으음, 다리를 뻗구 삼을 째."

"쨌다구요? 그게 뭐예요?"

"째는 거라구! 째믄서 그거를 감어, 감어서, 이렇게 둘러. 여름에 째구 겨울에 삼구."

"삶는다구요? 뜨거운 물에 삶어요? 뭐를 째서 뭐를 어떻게 삼어요?"

임순은 대답 없이 몸을 앞뒤로 움직이면서 자꾸 손을 현란하게 움직인다. 그 동작이 뭘 말하는지 나는 도통 이해할 수 없었다. 이야기를 듣는 동안 머릿속에 떠오른 삼베 천은 당연히 네모났다. 나는 폴리에스테르와 플라스틱에 둘러싸여 자랐다. 풀 한 포기에서 시작해, 삼이 자라고, 삼 줄기가 실 한 올이 되고, 실 한 올이 '삼실 가락'이 되고, 삼실 가락이 베틀을 거쳐 삼베 천으로 만들어지는 기나긴 과정을 상상하기 어려웠다.

임순이 온 몸을 앞뒤로 움직이며 현란한 손동작하고 함께 보여주려 한 모습은 평생 노동을 하느라 깊은 주름이 패인 할머니와 어머니들 사이에 앉아 손에서 손으로 만들어지는 실타래를 바라보던 어린 임순의 감각과 시선과 기억일 테다. 나는 그 몸짓을 해석할 수 없었고, 그저 어렴풋한 느낌만으로 이해한다는 듯 고개를 끄덕였다.

임순은 유년 시절 내내 실을 잣고 천을 짜는 모습을 보며 자랐다. 시작은 누에치기다. 누에알을 부드러운 닭털로 살살 털어 바구니에 넣는다. 뽕잎을 포대로 던져주면 누에들이 잎을 타고 기어올라 쉴 새 없이 먹어댄다.

"와삭와삭와삭와삭 허여, 먹는 소리가. 아주, 문 밖이서두 들려."

뽕잎은 아침에 한 번, 밤에 한 번 준다. 밤에는 잎사귀를 갉아먹는 소리가 빗소리처럼 방 안을 가득 울린다. 임순은 그 소리를 들으며 잠들었다. 아침이면 누에에게 뽕잎을 던져주며 노래를 불렀다.

"부지런 따안딴 집 져라아."

어른들은 누에의 목을 뒤집어서 그 몸속에 찬 명주실을 알아보는 능력이 있었다. 어린 임순은 신기하게 바라봤다. 이 제 명주실이 찬 누에들을 방 한쪽에 세워놓은 솔가지 나무 기 둥에 올려 번데기를 만들 차례다. 나무에 올라가면 누에들은 스스로 실을 뽑아 고치를 만들었다. 머리카락만큼 얇고 흰 실 로 집을 지었다.

"솔가지 그런 거 새와놓구 거기다 올리먼 즤들이 알어서 다 타고 대니마 집을 지어. 입에서 실이 나와."

임순은 입술을 죽 내밀어 입술 사이에서 배어 나온 실을 손으로 잡아 빼는 몸짓을 한다. 이어 고개를 이리저리 흔들며 실로 집 모양을 만드는 모습을 보여준다.

—

"이렇게 집을 지어. 금방 지어, 아주. 고개 휘휘 돌려가마 줄기를 두르면 이내 모습이 안 뵈여. 실을 다 뱉으면 허연 누에 고치 속에 번데기만 오그리고 들어 있는겨. 그러믄 인제 줄기에서 그 놈들을 다 따, 고치를. 바구리다 갖다 올려놓구서. 부지런 딴딴 집 져라, 노래 불렀지. 부지런 따안딴 집 져라아, 부정헌 사람은 누에 치는 디 못 오게 혔어. 부정한 사람이 보믄 썩는다구. 집 짓다 죽은 놈은 시꺼먼 물이 쏟아져서 아주 주변 것두 못 쓰게 되여. 안 되지."

임순의 아버지는 단단하고 예쁘게 생긴 고치를 골라 공판장에 팔았다. 예쁘지 않은 고치는 솥에 삶아서 명주실을 뽑아내 베를 짰다.

"그렇게 실이 다 뽑아져 나가믄 그 밑이 번데기 남은 거는 건져서 내다 놔. 먹구 싶은 사람은 먹으라구. 어릴 때는 아주 맛있어서 좋아해가마 먹었는디 좀 크면서부텀은 싫대, 번데기가. 냄새두 싫구. 나는 야중이두 워디 놀러 가믄 번데기 파는 냄새, 그 번데기 군내 나믄 아주 싫었어."

"너무 많이 맡아서 그랬을까요?"

"물러. 할아버지랑 같이 다니마 번데기 냄새 나믄 '여보, 아이구 나는 저 냄새는 싫어' 그렸지. 아부지들은 베는 안 짜고, 꾸리 감었다. 실을 꾸리에다 감어놔야 그걸 북집에 걸어서 베를 짜니께. 아부지들이 그거 감어줬지. 우들도 많이 감았다. 쬐그만 시누대 끝을 금 갈라 갖구 끈을 매어. 그 끈을 빼서 북 집이다 넣으믄 실이 엉키지 않구 감은 대로 술술술 풀려 나와. 하나 다 하믄 또 하다 가져다 매구, 그렇게 했지. 남자들은 그 거 말고는 모시나 베어준 게 다지. 농사일헜다. 벼 베믄 인제 아부지들 방에 앉아서 가마니 치느라 시간 많이 보냈지. 가마니 구멍에 짚 꿰구 남자가 탁 내려치믄 볏집이 가마니 모양대루 나와. 그걸 앞으루 뒤루 젖히구, 이렇게 이렇게 허믄 가마니 한 50개가 나와. 가마니 만들라믄 새내끼가 있어야 허니께, 볏집 손으루 둘둘 돌려가마 새내끼 곱게 꼬구. 할아부지들 추수 끝 난 가을부텀 그거 맨드느라 바빴다. 베(벼) 방아. 절구에다 베 껍질 붙은 거 있어. 그 해 농사진 거. 우리 집엔 베 껍질 까는 기 계가 없었응게, 방앗간두 멀리 있구. 그래서 누가 소 끌고 대니 마 기계를 들고 대녀서 마당이서 베 방아를 찧었지. 소가 끄는 그 기계가 무거우니께 지름도 쏟고 묻히구 하믄서 돌아대니데. 그렇게 집집마다 마당이서 찧은 걸 곡식 뒤지에다 넣어 먹구 그 랬는디, 야중이는 쌀 방앗간이 마을에 생기더먼. 그래서 너두 나두 방아 안 찧구 방앗간 가서 껍질 깠다."

한 개의 실로 계절마다 모시, 삼베, 명주, 목화까지 여러 가 지 천을 만들면 한 해 두 해는 순식간에 지났다. 임순의 어머니 는 종종 장에 나가 옷감을 팔았고, 아버지는 소를 빌려 농사 를 지었다. 언니들이 마당에서 방아 찧는 소리를 들으며 어린 임순의 유년이 지나갔다. 임순은 고구마, 동치미, 감자, 민들레 나물, 시금치를 먹고 자랐다. 여름에는 앵두를 땄고, 가을에는 감과 서리 복숭아를 입에 넣었다. 굶지 않았으니 그 시절에는 행운이었다. 하루 종일 일하면서도 아침 한 끼 간신히 먹는 사람도 많았다. 자려고 누우면 배에서 나는 '쪼록쪼록' 소리를 자장가 삼아 눈을 감았다.

고구마를 많이 심은 임순네는 겨울이 되면 찐 고구마 한 바구니를 방 안에 놓고 먹었다. 살림이 넉넉지 않은 이웃 친구들이 길쌈 일거리를 손에 들고 임순을 찾아오면 방 안에 앉아 입을 한껏 벌려가며 고구마와 동치미 김치를 열심히 먹었다. 임순은 그런 행동이 시답잖게 느껴졌다. '고구마, 감자 그런 게 뭐 좋다나? 쌀밥이 좋지' 하고 생각했다.

"아유, 베 짜는 건 심들었어."

"그럼 뭐가 좋았어요?"

"노는 게 좋지, 뭐. 하하하. 살라구 허는 일이 노는 것보덤 좋을 수 있나. 어려서는 오재미질, 공기집기 하구 놀아두 커서는 그 질쌈 허는 게 놀이였다. 놀이랄 것두 베랑 없었응게. 단옷날이면 그네 타구, 정월 대보름이는 널뛰기허구. 대보름날에 널을 뛰면 발바닥이 튼튼해진다구 뛰어야 헌다 그래서 으른들도 열심히 뛰었어. 정월 대보름날부텀 그 뒤루 한 일주일 널판 갖다놓구 여자들이 뛰었지. 여자들 널뛰다 다리 부러지구 그랬어. 정월 대보름날이면 밥두 아홉 번 먹구."

"진짜요?"

"진짜루 하루에 아홉 번이야 먹나. 하루 시 번 먹을 거 한 두 번 더 먹는 거지. 집서 먹구, 넘의 집 가두 정월이니께 콩나물국이라두 끓여서 밥 주믄 또 먹구 혔으니께. 그렇게 밥을 주마 으른들이 '오늘은 밥두 아홉 번 먹구, 삼두 아홉 둥치 삼을 하거라' 그려. 먹은 만큼 일 많이 하라구 그런 말 만든 거지. 그때가 좋았지."

"할머니는 어릴 때 꿈이 뭐였어요?"

"꿈? 어렸을 때야, 뭐. 성사도 못 지은 일 말해봐야 뭐 허나. 넘들 보믄 양잠원두 대니구, 편물점 가서 편물 허는 것두 배우구, 워디 다니마 이것저것 많이 배우구 보구 허드만, 그런 일두 내 마음속으로야 가져볼 수 있었지. 하지만 올라도 못 갈 나무 쳐다두 보지 뭇허구, 음, 살었지. 양반집 여식이라는 걸루 혀서 넘들보덤 더 못 허구 살았다."

"할머니가 어려서 제일 싫어한 거는요?"

"싫을 게 뭐 있나. 몰러. 음, 감자! 감자 싫었어. 감자 먹으믄 속 시립구 소화두 안 되구 배 아퍼서. 나만 그런가? 그래서 쬐금이라두 밥을 먹었지. 아이, 감자 먹기 싫데."

"제일 기억에 남는 친구나, 좋아했던 사람은 없었어요?"

"있지. (임순이 다리를 쭉 뻗으며 자기 다리를 내려다본

—

다) 현시, 그 밑의 남자. 나허구 동갑이여. 나 어려서, 현시 그애
하구 노는 게 제일 재밌었어. 그애 집은 우들 바로 밑이서 살
었어. 집도 크구 꽤 부자였어. 나 일고여덟 살 먹도록 아래위루
올라 대니마 서로 놀았지. 그 집 옴마가 나 가믄 '아이, 이쁘다'
허구, 잘해줬다. 그때는 감촛장이 놀이 있었어."

"감촛장이?"

"이, 내가 몸땡이 숨기믄 다른 애가 막 찾아내는 거."

"아, 숨바꼭질."

"감촛장이 놀이라 혔지. 현시랑 그거 허구 놀믄, 그 집 옴
마가 방에 서랍장 같은 조그만 장이 있었다. 그 장 우에 이불
같은 거 쌓여 있어. 감촛장이 놀이하믄 그 집 옴마가 나를 갖
다가 이불 우에다 살풋 올려놔. 그러믄서 '현시야, 니 짝꿍 찾
아봐라, 워디가 있나' 해. 그전이는 생기장나무라구 허는 게 있
었어. 굵직허니 기다란 나뭇가지. 현시 집에 천장 꼭대기게에
목이 넓은 꽃병같이 생긴 독이 있었어. 우리 둘이 집 주변서 막
뛰구 놀구 있으믄 현시 옴마가 팔뚝만 한 생기장나무를 가져
다 그 독에 넣어놓구, 거기다 매미를 잡아다 붙여놔. 큰 나무
매미. '야들아, 이게 이따 울건랑은 들어가라!' 그렇게 말허믄,
나랑 현시는 방에 그 생가지 밑에 둘이 앉아서 저 매미가 우나
안 우나 쳐다보구 있었다. 한 4, 5년 그렇게 현시네 집 오가마
많이 대녔지. 그 집 이불 속이 들어가서 따땃하다구 딩굴어가

마 웃구 놀구."

　　아홉 살, 열 살을 지나 점점 나이를 먹은 임순은 더는 현시하고 놀 수 없었다. 집안사람들은 임순이 어지간히 크자 멀리 마실도 못 가게 막았다. 현시는 남자라 두 사람은 그저 이웃 사람일 뿐 서로 얼굴을 쳐다보며 쉽게 말을 걸 수 없는 사이가 됐다. 임순이 열여섯 살 때 현시 엄마가 세상을 떠났다. 현시 아버지는 종종 찾아와 아버지하고 마루에서 술을 마시다가 임순을 가리키며 말했다.

　　"저놈일랑 우리 며느리 삼게 나 줘."

　　임순은 속으로 '아이구, 아래우로 쪼금도 안 떨어진 집두, 워째 시집가서 갈 수 있남?' 그런 생각을 하며 현시 아버지를 바라봤다. 현시 아버지는 말없이 다소곳하게 서 있는 임순을 보고 껄껄 웃었다.

　　"우리 현시허구 살어! 짝지서주께."

　　현시 아버지는 금세 재가를 했다. 현시는 더 큰 도시에 있는 고등학교에 입학해 집을 떠났다. 임순은 현시를 곁눈질해도 더는 볼 수 없었다. 밭일하고, 길쌈하고, 빨래하고, 나물 캐고, 얌전한 유가네 셋째 딸년으로 삶을 이어갔다.

　　"현시가 잘생겼어, 이뻤지. 더 크니까 걔는 멀리 핵교 가구혀서 집에 잘 안 왔어. 야중이는 얼굴두 잘 못 보구…… 걔랑 놀 때가 제일 좋았다. 막 어려서 애들끼리 싸우구 떠들구 부산

피다, 할무니가 옛 이야기 시작해주믄 가만히 앉어서 들었어. 이야기가 재밌으니께, 드러눕구 앉어가믄서 들었지. 할무니가 얘기두 참 구성지게, 재밌게 많이 해주셨는디 인저 다 잊었어. 테레비 많이 보니께 다 까먹어지드라. 외할무니네 큰고모도 이야기를 원천 잘혔어. 지금은 다 잊었지. 예전이는 고모들두 오믄 한 일주일 묵어 가. 그러믄 밤에 고모가 우들 앉혀놓구 이것저것 이야기 들려줘. 그거 듣다 옴마헌티 혼나구."

"왜 혼나요?"

"아이, 자야! 낮이는 않구, 밤이 허니께. 우들 고모 옆에 죽 앉어가 눈 반짝거리구 듣구 있으믄 어무니가 옆이 드러눠 늘어져서는 '자야헐 틴디, 고모두 자구 다 자야 허는디' 그러믄, 내가 '옴마, 재밌어' 이러마 들었었지. 그러케 재밌드라구.

지금은 너무 버릇없이들 그저 자유루 커서 부모 고마운 공덕두 몰르구 함부루 살드라. 우들은 그저 워디서 돈이 생겨두 헛 안 쓰구 어무니께 드리구, 으른들 말씀 받들마 철이 많이 들구 컸는디. 인제 너두 늬 언니두 어서어서 잘 풀려서 좋은 남자 얻구, 다투지 말구, 잘못되더라두 '즈이 엄마 닮어서' 그 소리 절대 사럼들 입질에 안 올르게 착허구 바르게 살어야 헌다. 홀애비 딸이라구, 살림허는 내력두 못 배웠을 거라구, 숭이 이끔은 많이 사라졌어두 남어 있다. 그래두 시집이서 데려다 살게 하마 손때 묻혀 가르치면 다 잘허지. 이런 마음으루 감싸줄 티지. 그래두 옴마 아부지 잘못이 네게 가서 사람들 입질에 올라. 늬라두 아부지게 잘허구, 순하구 바른 몸가짐으루 허야 그게 다 잘 풀려서 성공 길이 열릴 게다. 할무니 말뜻 알지?"

"네."

"사람이구 짐승이구 그 조씨네 소처럼 잘해준 공덕을 알구 서로 돕고 감싸주구 효도혀야 조상님게 좋은 일이구, 야중이 늬 자손에게두 다 좋게 풀리는 일이다."

"네."

"나은아, 항상 조심허구, 노력허구, 부모 덕 봐서 성공헐라 허지 말구, 늬 힘으루, 늬 노력으루 자수성가허야지, 아부지 도움 받지 말어. 늬 아부지가 지금까지 원체 고생 많이 하구 살었다. 너두 어려서 아부지가 돈 줘서 사탕이라두 사 먹구, 사과라두 먹구 하지 않았니? 그 추억이루 아부지를 고맙게 생각허구, 콩 한 쪽이라두 노나 먹는다구, 아부지 옷이라두 한 벌, 지름 값이라두 드리구 혀야지, 늬만 살겄다구 그렇게 허믄 못 쓴다. 알겄니?"

"네. 할머니. 안 주무세요?"

"나는, 죽을 때까지 안 풀어질 마음이 나은이 네게 있어."

"저요?"

"응. 나은이 늬가, 늬가 아부지 안 돌봐줄 거라고. 아부지가 가진 재산 다 없애구 거렁뱅이가 돼서 거리에 나앉기 전까지 돌아보지도 않을 거라구 말했다는 걸 듣고부터는 내 마음이, 풀어지지 않어."

"누가 그래요? 아줌마가?"

"이, 그 여자가, 예전이 오노서, 늬가 아부지헌티 그런 말 헸다구."

아줌마는 종현이 이혼한 뒤 새로 만난 사람이다. 희숙이라고 부르자. 나는 한때 희숙하고 잘 지냈지만, 여러 복잡한 사연을 거쳐 서로 더는 연락하지 않는다.

"전 그런 말 한 적 없는데요. 그분이 잘못 안 거겠죠."

"시상이, 말이 씨가 된다구, 아부지 피를 받아 태어난 아들이 워치게 그런 몹쓸 말을 헌다나. 나은이가, 착한 나은이가 그런 말을 했을 리가 없지. 이?"

"그럼요."

"철 몰르구, 내가 어려서 철 몰르구 아부지게다 그 말을 뱉었으니 참회허구 인제는 안 그랬다구 몇 번 말하믄 그 죄가 씻어질 것이다. 나두 부처님게다 절 올리마, 우리 손녀딸들 다아 철 몰르구 입으루 뱉은 잘못 내가 업장 소멸되게 대신 빌고 빕니다, 헌다."

"한 적 없다니까요."

"정말 안 했냐?"

"네. 이제 자요, 할머니."

나는 자리에서 일어난다. 임순은 입술을 한 번 다시더니 안방에 이부자리를 펼치러 일어난다. 밤 열한 시다.

사실 나는 그 말을 했다. 2년 전, 극심한 경제난으로 나나 종현이나 마음의 여유라고는 눈곱만큼도 없는 때였다. 처음에는 기억이 나지 않았고, 조금 뒤 2년 전에 내가 종현에게 한 말이라는 사실을 떠올렸다. 나는 그 말을 한 이유를 알고 있다. 그 순간의 공기, 앞뒤의 사정, 부글부글 끓는 뱃속, 매우 합리적이었던 머릿속이 생각난다.

임순은 꾸준히 아버지가 진 빚을 함께 갚아야 하고 엄마인 도희처럼 제 잘난 맛으로 살아서는 안 된다고 나를 설득했다. 그럴 때마다 속이 부글거렸다. 이런 반감을 모르지 않을 테지만 임순은 굴하지 않았다. 나도 입을 꾹 다문 채 언제까지하나 보자는 마음이 없지 않았다. 종현이 진 빚이 아니라도 나는 임이 하는 이야기를 듣기만 할 뿐 설득할 수도, 적절한 공감대를 찾을 수도 없었다. 임순의 세계에서는 장남과 남편이가장 중요했다.

임순은 내가 아빠의 마음을 헤아리고 감싸며 경제적으로 뒷바라지하기를 기대했다. 이런 기대를 숨기지 않고 드러냈다. 배알이 뒤틀렸다. 내가 아들이라면 임순은 이렇게 말하지 않았을 테다. 그 사실에 무엇보다 화가 났다. 아들은 돌봄과 경제적 도움과 감정적 헌신이 필요한 존재이고, 손녀인 나는 무조

건 희생하면서 아버지를 받들어야 할 존재일까?

임순은 내가 그렇게 해주기를 바랐다. 나는 그럴 생각이 조금도 없었다. 아들 빚이 그렇게 걱정이라면 집이라도 팔아서 돕지 왜 소파에 앉아 나를 들들 볶을까? 노년에 접어든 임순은 다음 대의 여성이 자기 대신 아들을 돌보고 뒷받침해야 한다고 생각했다. 보통 그 일은 며느리가 하지만, 며느리 도희는 콧방귀를 뀌었다. 임순이 하는 이야기에 고개를 잘 끄덕이는 내가 대신 눈에 들어왔을 테다. 우리는 각자 원하는 게 있었다. 임순은 내게 반성과 헌신을 원했고, 나는 임순의 진심과 이야기를 원했다.

인터뷰는 어설픈 펜싱 싸움 같았다. 내가 임순의 가장 깊은 속 이야기를 찔러대는 동안, 임순은 내가 종현에게 갖는 부채감과 죄의식, 엄마에게 갖는 수치심을 건드려댔다. 나중에는 둘 다 기 싸움보다 이야기하기 자체에 흥미를 느끼게 됐지만, 물밑에는 늘 이런 긴장이 있었다. 반감을 분명히 드러내면서도 이야기에 어느 정도 수긍할지 전략을 짜야 하는, 인내심이 필요한 싸움이었다.

칠흑같은 갱도 속 광부처럼 임순이 말하지 않은 과거의 삶을 캐내고 싶었다. 내 현실을 좌지우지하려는 듯 고집스러운 설교에 가만히 고개만 끄덕이러 가지 않았다. 임순 속에 그 둘이 구분할 수 없을 만큼 뒤섞인 사실을 깨닫고, 그렇게 빚어진

아래 왼쪽, 댕기머리한 임순

내면의 풍경을 가늠할 수 있을 때까지 임순과 나는 팽팽한 줄다리기를 이어갔다.

임순의 이야기는 중구난방으로 과거와 현재가 뒤섞여 있었다. 북한에서 내려온 간첩이 등장하다가 갑자기 도희를 향한 불만으로 이어지는가 하면, 부처님 세계의 무간지옥을 설파하다 말고 어느 여름밤 마당에서 자고 간 황소 이야기를 들려줬다. 익숙하지 않은 사투리로 쏟아내는 이야기를 따라가느라 애쓰던 내 모습은 임순의 입이 뽑아내는 길고 긴 실타래를 허둥지둥 받아 안는 바지랑대하고 비슷했다.

초가집 방 한 칸에 '동기간이 항꾸' 모여 살던 시절, 임순 아버
지는 쟁기보재기질(쟁기질)을 배우지 않아 농사일에 서툴렀다.
임순의 어머니는 아버지 일을 대신할 소와 일꾼을 산 너머 마
을에서 불러왔다. 일꾼은 임순네 집까지 소를 데려와 임순네
땅에서 쟁기보재기질을 하고 갔다.

임순이 열 살이던 어느 여름날 밤, 자는데 딸랑 하는 소리
가 들렸다.

"딸랑 딸랑, 옛날이는 소 모가지다 방울을 달았다. 워낭이
라구 허지. 소가 워디가 있는지 알려구. 그 워낭 소리가 밤중이
마당이서 들리는겨. 우리 집은 소 키우지두 않는디."

임순 귀에 딸랑딸랑 워낭 소리가 울리고 소가 콧김을 뱉는
소리도 들렸다.

"무셔. 옴마, 밖이서 워낭 소리 나구, 막 소가 한심 쉬는 거
같은 '크흥' 소리두 나."

어린 임순이 말했다. 임순의 어머니가 답했다.

"아이, 이 밤중에 누구네 소가 우리 집에 오노. 애가 벨 소
리를 다 헌다. 언능 자."

"옴마, 그 소리 또 나."

임순이 하는 말에 큰언니가 깼다.

"성, 저 소리 안 들리나?"

임순이 큰언니한테 물었다.

"증말 무신 소리 들린다. 잘못 들은 건 아니네."

아버지가 문 열고 나갔다.

"저기 조씨네 황소가 우리 마당에 오노 자네."

아버지가 들어오며 말했다.

"소가 드러눠 자믄, 머리를 살짝만 움직여두 워낭이 딸랑 딸랑 허니께, 그 소리가 들린 게더먼. 소가, 우리 집에 매번 쟁기 보재기질 일해주러 오던 조씨네 소여. 워찌 왔는지 밤중에 우리 마당에 오노 잤던 겔라. 우들은 그냥 그런갑다 허구 다시 잤지. 조씨네 집 식구들은 밤새 자지두 못 허구 소를 찾으러 댕겼다 드라."

산 너머 꽤 멀리 떨어진 조씨네 집에서 소는 산등패기를 한참 넘어왔다.

"어무니가 짐승게 잘혔어. 보리 이삭 갈어서 소죽 쒀주구, 큰 재배기(그릇) 두 개에 소죽을 잘 저어서 만들어놨다. 하나는 일허지 전이 먹구, 하나는 쉴 때 오노 새참으루 먹게 헌다

구. 소들두 죽을 암치게나 쑤믄 안 먹어. 그러믄 소 주인두 속
상혀서 그 집 밥 안 먹어. 죙일 일 시키구 부릴 생각만 허구 밥
두 암치게나 줘서 소 안 먹게 헌다구. 우리 집에선 그 소가, 죽
을 남긴 적이 한 번두 없어. 장작불 때서 폭폭폭폭 솥치게 끓
여다 맛있게 해주니께, 그 맛있게 먹은 걸 기억하구 온 게다."

다음날 임순의 아버지가 조씨네 집에 가서 소식을 전했다.
그 집 식구들은 사라진 소가 남의 물건을 다 망가트리고 다닐
까 봐 한숨도 자지 못했단다.

"여름에는 밭을 많이 가니께 소를 많이 데려다 썼지. 자주
오가니께 우리 집을 한 식구라구 생각했나 봐, 그 소가. 울 어
무니가 개 등을 살살 쓰다듬으마 '잘 먹어라, 이? 애썼다. 일허
느라 애썼지? 많이 먹어라' 해줬으니께, 그게 좋았나 봐. 우들
도 어려서 마실 대니마 놀러간 집에서 맛있는 거 주구 잘해주
믄 한 번 더 가구 싶은 마음 드는 것처럼, 소두 똑같은 마음이
들었는 게라."

한낱 짐승도 사람하고 생각과 마음이 같으니 언제나 인정
으로 착하게 대해야 한다는 교훈이다.

참으로
아름다우시네요

임순은 내가 도착하기 전에 시내에 있는 마트에서 커피믹스 한 상자와 달걀을 사왔다. 그 물건들을 들고 햇빛이 쨍쨍한 폭염 속에서 20여 분을 걸어 온 임순은 거실 소파에 앉아 숨을 돌리고 있었다.

"노랑 커피믹스만 먹어서 그걸 집으려께, 그 앞이 판매하는 여자가 검은 거 집어가라구 막 그러대. 난 먹는 것만 먹는다고 말했지. 그래두 그 판매원은 이 검은 커피가 아주 맛있어서 한번 먹음 이것만 먹게 될 거라구 아주 집어서 내 바구니다 넣어줘, 나 참. 그래서 기냥 그걸루 사 왔지. 믹스커피야 다 비슷할 티지."

"프림 없고 설탕도 적게 들었다네요. 할머니 달달한 커피 좋아하시잖아요."

"이, 단 게 좋지. 노랑 커피나 이 깜장 커피나 마트서 사는 건 똑같은디 왜 꼭 그걸 집어가라 허는지 물러. 그러면 뭐 더 이득이 있나."

"그럴 거예요. 이벤트 제품 많이 팔수록 판매원 실적이 높아진다잖아요."

"못 믿을 시상이여. 커피야 맛있을 티지. 이따 너랑 나랑 한번 먹어보자이."

가설극장 번쩍번쩍 월마나 재밌어

손을 씻고 짐을 정리한 뒤 마주 앉아 밥을 먹는다. 미역국에 흰 쌀밥, 반찬은 무생채, 배추 짠지, 간장, 달걀찜. 임순이 텔레비전을 튼다. 최근 개봉한 영화를 소개하는 프로그램이 나온다.

"할머니는 젊어서 영화 보러 가신 적 있으세요?"

"못 갔어, 한 번두. 그전이 동네에 가설극장이라구 몇 번 왔었지. 나 한 열일고여덟 먹었을 때. 영화 보여주는 큰 판이랑 마이크랑 스피커랑 다 해갖구 커다란 차가 드루왔었지. 저녁이믄 아무개네 집 마당이다 포장 쳐서 가설극장 세와갖구 표 팔구, 사람들 부르구 그랬어. 그러믄 그 마당이 크게 화면이 있어서 영상이 나와. 화면에 여자 남자들 나오고, 부부 생활 허는 것두 보여주구, 이혼도 허구, 슬픈 장면도 배주구 했다.

근디 돈 들어가서 어무니 아부지들이 그런 디는 얼씬두 뭇 허게 했다. 시간두 저녁 밤늦게 혔으니께. 그 사람들은 동네 돌아대니마 철 마이크대루 저녁 몇 시에 영화 극장 허니께 보러 오라구 불르구. 어무니가 '저 아랫집서 영화 헌다더먼' 하구 말하믄 아주 궁금혔지. 워떨랑가. 마실 나가구 싶어 아주 달았지. 그래두 갈 수야 있남. 그거 몰래 훔쳐보다 들키면 아주 큰 일이여. 챙피허구. 그 망신살이 월마냐. 그런 디 한번 가서 입질이 올르믄 똑 죽는 게 나아. 양반이 신변 지키지 뭇허구 함부로 돌아대니믄 그게 부모 얼굴에 똥 발르는 짓이라구, 기양 혼 쭐나지. 그려서 가지두 뭇허구 궁금해만 허구.

그려서 친구랑 아랫집서 영화 헌다구 헐 때 몰래 그 집 뒤란으루 내려가서 숨었다. 마당에서 허니께 뒤란은 안 보이지. 사람들두 죄다 마당 가 있구. 그때 뒤란 담쭉이야 흙이랑 짚으루 맨들어서 틈이 많앴지. 거기 눈만 뵐 만큼 구멍을 맨들어서 그 틈으루 영화를 봤지. 친구랑 나랑 꼭 붙어서. 화면두 쬐그맣게 나와. 아이, 그걸 한 번 보니께 너무 좋아. 번쩍번쩍허구 배우들두 나오구, 월마나 재밌어. 그 틈에 눈 들이밀구 보는디 누가 몽둥이루 때렸어두 몰를 만큼 재밌드라야. 한 번 그렇게 몰래 봤지. 고개를 하두 빼구 봐서 병날 뻔했다. 그래두 구경했단 소리는 허두 뭇했어."

"또 보고 싶었겠다."

"보고 싶지! 아주, 그 뒤로는 무신 차 오노서 노래 틀어준다구, 무대 있다구 방송만 혀두 귀가 거기에만 쏠려. 일거리두 손에 안 잡히구 생각이 그 길루 막 달려가. 또 보구 싶어서.

그렇게 가설극장이 자꾸 오니께, 동네 이장허구 우리 육촌 오빠허구 마을 망쳐논다구, 저것들이 오노서 아주 시끄럽구 여자들 정신 팔리구 뭇 쓴다구, 내쫓을라구 마을 사내 몇 명이서 모여서 갔나 봐. 그때는 극장 패거리가 한 여덟아홉 돼 보였응게 사내 몇 명이면 쫓을 수 있을 거라구 생각혔겠지. 가서 그 사람들이 장비 들고 대니는 차에서 싸우마 위협 허구 허는디, 아, 거 극장 패거리가 아홉이 아니라 한 서른 명은 더 있었다드먼. 우리 마을 사내들이 가서 장비 때리구 허니께 걔들이 딴 데 가 있던 자기들 패거리 불러갖구 우글우글허게 잔뜩 모였다대. 상대두 안 되게.

그려서 우리 육촌 오빠 귀를 붙잡구 막 끌고 대니마 오빠 귀가 피가 줄줄 나게 다 찢어졌다. 나두 봤지. 오빠가 그러커구 피 질질 흘리마 돌아왔는디. 그 극장 사람들이 또 우리 할무니집에 자기들 장비 부순 거 보상허라구 쳐들어왔대. 그려서 할무니랑 어무니랑 밥해주마 그 사람들헌티 빌구. 아이구, 나두 뒤에서 보니께 다들 생이군인, 장애, 이런 사람들일 게라. 절름뱅이, 애꾸, 뭐, 몸 워디가 다 상처두 있구, 성하진 않대. 그려서 모여서 극장 대니마 벌어묵고 살았는 겔라. 그 면을 차 타고 돌아대니마 돈 벌구 대니는 패거린디, 육촌 오빠두 그런 디를 건드렸으니, 큰 벌구녕(벌구멍) 발루 찬 셈이지.

그 일 있은 뒤로는 동네에 그런 가설극장 안 오드라구. 딴 디루 갔나. 야중이는 나라에서 생이군인들 수급 같은 거 주는 것두 생기구 했다니께 굳이 그렇게 안 벌구 대녀두 돼서 그른가 잘 보이지두 않는 거 같드라. 그때는 성치 않은 사람들이 모여 대니마 그런 일 많이 혔어."

"할머니 사시던 마을에는 바다 있었어요?"

—

"바다 읎어. 집이서 한참 가야지 바다 나와. 가끔 저 멀리 장명수라는 데루, 갯바닥에 대합 잡으러 간다구 동네 언니들 따라댕겼지. 7월 백중날이 물이 많이 빠지는 날이라구 동네 으른들 따라 조개 쪼끔 그어다 삶아 먹구. 바다는 시집가니까 있대. 시집을 스물여섯 살에 갔지. 둘째 언니 스물다섯에 가구, 나 스물여섯, 아랫 동상은 스물일곱. 어무니가 딸들 다 나이 많이 먹혀서 시집보냈어."

언니 신랑들보덤 키도 크구 잘생겼어

"할아버지는 어떻게 만나게 되신 거예요?"

"중매루. 나는 아무허구두 선본 적이 없어. 사람들이 나 보믄 얌전허니 중신 서줘야겄다구 웃음소리 허는 건 몇 번 들었지. 동네 가차운 사람들은 술 잡수믄 나 메느리 삼겄다구, 아부지헌티 메느리 삼게 달라구 허구 했어. 그래두 그냥 집이서 어무니 도와가마 살었지. 근디 우리 고모네 오빠가 우리 집에 와서 날 봤나 봐. 어무니가 말하기를, 내가 아주 얌전허구 참허니 아무개네 훌륭한 아들이 하나 있는디 그 집에다 중신 서준다구 말허구 갔댜. 기냥 그런갑다 허구 내 헐 일 허구.

어느 날, 내가 사춘 언니허구 뒷산에 도라지 캐러 갔어. 제

사상에 쓸 도라지 한 주먹 캐야 했거든. 집 뒤에 큰 산에 올라
가믄 절굴이라구 허는 터가 있었다. 예전에 절이 있던 곳인디
빈대 때문이 절이 망해서 없더먼. 터만 남구."

　"아니, 빈대 때문에 절이 망해요?"

　"빈대가 월마나 무션지 아니! 빈대 있으믄 절 망한다. 약두
없구, 빈대가 막 사람 물믄 살 파내구 피 먹는디 잡지두 못허
구, 아주 못 참어서 살 수가 없다. 그러니 절이 망헌 것이지. 빈
대 땜이.

　아무튼 그 절굴에 가서 도라지를 한 바구리 캤지. 아침에
비가 와서 땅이 부드러우니 캐기 좋았거든. 캐고 있는디 또 비
가 한바탕 쏟아지데. 막 퍼부어. 비 맞구 도라지 캐서 집으루
내려왔지. 한나절 걸렸어. 그렇게 길을 걸어오는디 사춘 언니는
언니 집으루 가구 나 혼저 길 걷구.

　근디 워디서 동네 아는 여덟 살 먹은 남동상이 주춤주춤
나한테루 걸어와. 난 옆구리에 도라지 바구리 안구 담배밭을 지
나가는디 나를 불러. '누나, 누나', '왜?' '누나네, 군인 왔어.' '우
리 집에 군인 올 일이 뭐 있간? 우리 집 군인 없어.' 내가 말했지,
담배밭에 서서. 담배대가 키가 커서 우리 집이 가려서 안 보여.
'아녀, 저기 누나네 군인 오노서 아부지랑 앉아 있어.' 내가 보일
까 봐 담배밭 아래 몸을 수그리구서 개헌티 물었지. '워디가 앉
었다니. 나 가믄 볼 수 있냐.' '안방이! 안방이 가 앉어 있대.'

—

참으로 아름다우시네요

개허구 두런거리마 쭈그리고 길에 있으니께 어무니가 봤나 봐. 내려오노서 날 부르대. '야, 너 거기 쭈그리고 앉어 뭐허구 있냐. 언능 오지.' 어무니가 그래. 그래서 내가 그랬지. '옴마, 나 도라지 많이 못 캤어. 딱딱혀서.' '상관 읎따. 제사상에 올릴 한 주먹만 캐믄 되지.' '옴마, 누구 왔어? 왜 팔뚝 걷었어? 밥 허유?' '이, 밥 헌다.' '왜, 워디서 누구 왔슈?' '너 선 본다.' '고모네 오빠가 남자 데리구 왔드라. 너 선 보고 간다구.' '아니, 왜 연락두 없이 갑자기 왔댜.' 내가 그러마 뒷걸음질을 쳤지. 호미허구 바구리 들구 막 뒷걸음질루 걸으마 사춘 언니네루 갈라구 했다. 그렇게 어무니가 '미쳤구먼. 늬가 안 보면 안 보드래두 집으루 들어가야지. 워디를 오드득거리구 가' 그러니 참, (입맛을 쩝 다신다) 큰일 났어. 머리는 지드랗게 궁딩이 닿도록 땋는디 빗지두 않구, 비는 쫄딱 맞구, 도라지 캤으니 흙도 튀구 땀두 나구. 내가 가만히 섰어, 기냥. 도망두 뭇 가구. 어무니는 집으루 올라가구. 여덟 살 먹은 남동상도 안 가구 내 옆에 서 있대. 허허.

'아, 게가 그렇게 서 있으믄 누가 쳐다본다. 언능 따라서 오노.' 어무니가 또 그렇게 말허니께, 인제는 꼼짝없이 뒤따라갔지. 따라서 안쪽 방으루 들어가는디 아부지허구 그 남자는 안방이 아니라 말래(마루)가 앉어 있대. 여름이니께 더워서 어무니가 날 불러서 '부엌 가서 시수(세수)라두 허구 가라. 땀 나고 드럽다' 허시드라구. 아, 드럽지 그럼, 일허구 씻지두 못했는디. 그 남자두 안 올라구 했다대."

"할아버지도요?"

"이, 근디 그때가 할아부지 3일 휴가 받았을 때라 중신애비가 끌구 온 거드라구. 할아부지가 그때 집에 여러 일이 많어서 선볼 정신이 없다구 거절허는디 중신애비가 '그 여자 참 얌전허니 놓치면 아까울 팅게' 허믄서 말혔댜. 뭐, 중매 서는 사럼이 뭔 거짓말을 못 허겄나. 아무려나, 그러케서 그날 그 남자가 온 건디, 어무니가 남자가 아주 잘생겼댜. '늬한테는 비교두 못 헐러라. 아주 잘생겼대' 그러드라구.

어무니가 옷 줘서 좀 좋고 나들이 갈 때 입는 옷으루 갈아입었지. 머리두 다시 빗어서 땋구. 감지는 못해두 함함하게는 해야 헐 거 아니니. '늬가 안 본다구 그렇게 앵겨두, 헐떡거리구 오긴 왔으니께 되면 되는 거지 싫다고 헐 게 뭐 있냐. 저 사람이 너 싫다믄 그만이지.' 나 참, 그래서 나 혼저 방이 있는디, 대청마루서 뚜덕뚜덕 걸어오는 소리가 들려. 난 방 뒤켕이 구석에 가서 섰지. 이렇게 고개 돌리구 들어오드라구(임순이 두 손을 앞에 모으고 고개를 왼쪽으로 돌린다). 들어와서 먼저 앉데. 나 헌티 '오마, 여기 앉으시라기여' 말허데. 나 그냥 서 있었어. 나보구 또 앉으랴. 두 번 말했응게 앉기는 혀야지. 그렇게 말두 안 듣구 헐 순 없으니께. 그래서 참, 앉기는 않었지. 어무니가 술

—

상을 언능 들여오데. 나보구 그 남자 들어오기 전이 어무니가 '선을 보믄, 남자가 싫으믄 술두 안 먹구 간디야. 술 따라준다 구 늬가 말하거라. 큰딸은 동네서 혼인했으니께 뭐 없이 사돈 들끼리 허락해서 갔다. 둘째 딸은 선이라두 보구 혼인을 시켰 는디, 이번에는 이렇게 연락두 없이 오노 갖구 당황했다. 딸 많 으니께 연태 딸 닛 남은 걸 저늠들은 또 워떻게 갈지 모르겠구 먼. 아이고, 참' 이렇게 말혔었어.

아무튼, 어무니가 술상을, 내 앞이다 놓는 겨! 남자는 저짝 에 앉구. 나는 멀찍이 앉어 있는디 '얘야, 술 좀 따라 대접혀' 이 렇게 말을 하마 '내 듣는 말로는, 술 안 먹구 가믄 마음이 없어 서 가는 거라구 허드라. 술을 한잔 먹구 가믄 허락을 주는 거라 구 들었다. 그러니 술 한잔 따라 대접허그라' 허구 나가대.

난 바짝 세우구 앉었는디, 술상이 내 앞이 있으니께 남자 가 나한테루 올 거 아녀. 어무니가 집이서 직접 만든 청주를 내왔드라구. 술을 한잔 졸졸 따라주니께는 그 남자가 받어서 꿀떡 먹드라고. 그제야, 고개 슬쩍 들어서 쳐다봤네. 보니께, 아이구, 우리 언니 신랑들보덤 등치두 좋구 키도 크구 잘생겼 어. 군복은 입었어두 참, 잘생겼었어. 지금이야 다들 잘 먹구 살어서 때깔이 좋지 그때는 뭐 깨깟허구 고운 사럼 찾기 심들 었다. 남자들 벨스럽지 않앴어. 할아부지는 군대두 춘천 워디 서 물건 파는 피엑스 일 했응게 잘 먹어서 그런지 때깔두 뽀

56 | 57

20대 무렵 달웅

얗게 살두 찌구, 아주 이쁘더라구.

그 사람이 내가 따라준 술을 한 잔 먹구 처음 허는 말이 '성님이 해준 말씀과 하나 틀림없이 참으로 아름다우시네요' 그러드라. 하하하. 성님은 중매 봐준 고모네 오빠인 겔라. 늬 아부지헌티두 이 얘긴 안 혔다. 뭐 땜시 이 말까지 나왔다냐, 허어. 7월 달이 그렇게 서로 얼굴 보구 갔지."

배운 게 없어서 두렵고 겁나요, 아부지

"근디 그 뒤로 통 연락두 없구 편지두 없어. 아무 소리두 없는 겨. 그이가 갈 때 확실허게 말을 허구 가긴 혔어. 올해 혼인허기는 어려울 거라구. 나중에 들어보니 그이네 집이 염전을 허는 집인디, 그해 7월에 장마 수해에 염전 둑이 터져갖구 염전 절단 나서 소금두 다 떠나가서 그거 수습헐라구 휴가를 온 거였댜. 염전 고친다구 돈두 많이 쓰구 바쁘구 허니께 결혼은 애려웠던 게지. 아무 소리두 없어서 나두 기냥 어무니네서 사는디 워니 날 꿈이 꿔지드라.

참 이상한 꿈이 꾸어졌어. 내가 우리 집 마당에 나가 돌아다니는디 동네 이장이 집 뒤 언덕배기 꼭대기서 서 있어. 내가 그 사람을 보니께, 이장이 그 언덕 꼭대기에서 딴딴한 땡감, 벌겋구 넓

1965년 11월 25일, 약혼

적 커다란 땡감을 그냥 탁 던지더라구. 내가 마당이 서서 그 땡
감을 탁 두 손으루 받었어. 이쁘구 둥글넓적허니 크고 뻘겋게
잘 익었드라, 그눔이. 그걸 이렇게 들고서, 나 참. 내가 깨어나마
멘스(생리)를 헐라나 차암 꿈두 이상허다 생각했지. 그런디 그
날 편지가 왔드라구. 우체부가 편지 한 장 주고 가대. 약혼 사진
찍으러 가겄다구. 그이가 자기 글씨루 서신을 써서, 필체두 좋
아. 아야, 내가 그 사진 보여주마. 앉어 있어라이."

임순이 벌떡 일어나서 안방으로 들어가 사진을 찾는다. 약
혼 사진은 흑백이다. 임순은 흰 드레스에 덩굴 꽃으로 장식한
부케를 들고 있다. 임순의 남편 달웅은 검은 양복에 흰 장갑을
끼고 있다. 달웅은 살짝 웃고 임순은 입술을 다소곳이 모으고
있다. 사진 구석에 글씨가 쓰여 있다. '1965年 11月 25日 約婚.'
이목구비가 크고 체격이 좋은 달웅은 정말로 잘생겼다.

"65년에 약혼허구 66년에 결혼했지. 편지 온 날이 동짓달
봤다. 그러니 11월일 티지. 접때 할아부지 장례 끝나구, 불 놓
을라니까 늬 아부지가 놓지 말라 그래서, 이게 이렇게 남었네.
엊그제 일 같은디 늙어 팔십이 넘었으니. (사진을 쓰다듬으며)
그때 나헌테 보낸 편지두 시집갈 때까지 가방이다 워디 감춰서
놨는디 없어졌드라구. 녹어서 그렇게.

할아버지는 나보덤 한 살 많어. 결혼할 때 스물일곱이었
다. 나 스물여섯. 질쌈 많이 허는 동네였응게, 어무니들이랑

주욱 항꾸 앉어서 겨울 목화 갈어서 이불 세 채 해갖구 갔다. 개볍구 뜨뜻헌디다 목화 놓으믄 붕허게 일어나서 이불솜이 두꺼우니 아주 좋았어. 목화는 갈어서 한쪽이선 솜 먹이구 한쪽이선 씨를 빼갖구 씨가 우슬우슬 쏟아져. 천 안에 목화를 넣으믄 반대쪽 사람이 그눔 잡아댕겨서 놓구. 씨를 두 번 뺀 목화가 좋아. 세 벌째 딴 놈은 조금 덜 좋아. 네 벌째 딴눔은 크으름허니 글러. 나 시집갈 땐 아주 짱짱헌 놈으루 솜이불 직접 맨들었지. 나야 질쌈으루 컸으니께.

아부지가 그이를 보구선 '너보덤은 무진 잘생겼더라. 말주변두 조리 닿게 허구, 하나 실수두 안 헐 사람이더라' 그렇게 말씀허시드라구. '아부지가 그렇게 보셨으믄 틀림없는 사람이겄쥬. 내가 봐두 그런디 나는 공부를 뭇 혀서, 배운 게 없어서 두렵고 겁나요, 아부지' 그랬다. 그러니 아부지가 '글쎄, 그건 네 운이구 네 복이지 내가 뭐라 답헐 말이 없다. 그저 하늘같이 모시믄 그 사람이 널 해치거나 네 눈에서 눈물 한 방울 나오게 허지 않을 겔라' 하시더라구. 내가 고개 돌리구 '치, 참' 허니께, 어무니가 옆이서 '너 늬 아부지게다 생전 고개 들구 안 쳐다보구 하늘같이 받들던 효녀든 늬가 워째 아부지 말에 달리 생각허는 마음을 갖니?' 묻드라구. '아니, 내가 글을 몰르는디 워째 그 사람이 그렇게 잘해줄 거라고 자신감 가진 말씀을 허니께 겁나서 그러지' 그랬어.

—

약혼허구 난 뒤로도 나는 공부 못 헌 걸루 많이 고민됐다. 그 사람은 많이 보고 듣구 아는 사람잉게. 절이 가믄, 내 육신이 소중헌 걸 알어야 저세상에 가서두 좋은 일을 많이 헌다구 허든디, 나는 내 육신 소중허게 여길 일을 해보질 못했다. 세상 모든 법과 뜻이 공부에 있어 그걸루 연배 해나가야 어둡잖게 사는디, 느무 어둡게만 살었응게. 늬 할아부지 내게다 한 번 그런 말을 안 했다. '아이구, 여편네 글두 몰르마 참 답답하다' 이런 말 한마디를 안 혔어. 그저 감싸주구, 대신 해주구. 그러니 내가 연태두 몰르구 살었는 게지."

"제가 다음에 책 갖고 올게요. 같이 읽어보면서 지금부터 공부하면 되죠."

"팔십이나 먹어서 인제는 총기두 없다. 예전이는 다 몰르구 어두웠응게, 그저 어무니들이 나 보믄 얌전혀서 이뿌다 허는 뜻만 듣구 살었지. 머리는 궁딩이까지 댕기허구 대니구, 어무니가 쌀뜨물 발효시켜놓은 걸루 머리 감으믄 결이 매끄럽고 반딱반딱거려 좋았다. 쌀뜨물이 번거로워두 머릿지름보덤 좋았다. 아주끼리지름, 피마자지름 이런 건 머리에 때가 지드라구. 동네 어무니들이 우스갯소리루 '머리 짤르먼 간단헐 턴디' 그러믄 할무니가 '짤르먼 쓰나. 머리가 열두 가지 숭을 개려준단다' 했다.

그런 옛말 해주믄 나는 그냥 그 말씀들만 믿구 컸는디, 시집갈 때 되니까 머리 짤러서 지지고 가야 헌다대. 뽀글뽀글 볶는 파마. 우리 언니들두 머리 다 길었어. 큰언니는 시집갈 때 비녀 꽂는 낭자머리 허구 갔지. 둘째 언니는 계속 질게 댕기 따다 시집갈 때 한 두어 달 앞두구 지지고 갔구, 나두 지지고 가게 됐지. 결혼식 한두 달 앞둬서 집이서 몇 달 동안 서너 번째 지졌다. 첨으루 머리 잘랐네."

"자르니까 어땠어요?"

"얼굴이 좀 이상허데. 사럼들두 이상허다대. 평생 머리 길게 딴 것만 봤으니께. 첫 번이만 그 소리 허드라. 두서너 번 지질 땐 안 허구. 머리 짜르니께 아깝지. 그전이는 엿장수들이 가발 맨든다구 머리 자른 거 사러 대녔지. 저울루 무게 달어서 돈 주구. 기억은 없지믄 나두 팔았겠지 뭐.

시집갈라니까 할아부지가 예식해야 헌다구 혀서 어무니가 골치아퍼했지. 한복 안 입구 흰 드레스 입구 허는 거. 내가 어려서 우리 집 안뜨란이서 신랑 사모관대 차구 언니들 연지 곤지 찍구 초례 지내마 맞절허는 건 봤어두, 누가 예식을 허나, 그 시절에 촌구석이서. 할아버지는 연락 오기를 예식헐 거라구, 큰 시내 나가믄 예식장 있다대. 자기 집서는 3년 째 예식장이서 혼인 올린다구. 예식장은 좋은 곳이랴, 그이 말씀이. 어무니가 '니 미럴 거, 딸을 많이 나니께 별 노무 소리를 다 듣구. 연태 살믄서 초례 지내구 뜨란서 절하구 하루이틀 자고 가게 혔지, 예식

—

은 무신 도대체 알 수 없는 노무 소리를 한담' 그르드라구. 동네 가서 물어봐두 뭔지 몰른다구 허구, 준비는 해야겄구, 참 답답해하셨지. 예식장은 동네 잔치두 안 허구, 거기서 다 준비를 해주니께.

아부지는 '술두 뭇 얻어먹네' 그렇게만 허시구, 어무니가 고민 많이 혔지. 우리 집 식구는 뭐 알두 뭇 허구, 큰 시내 가야 헌다니께 차부에 모여서 다 같이 버스 타구 예식장으루 갔다. 가는디 나를 미장원에 내려다주더구먼. 거기서 머리허구 화장허구, 함함허게. 시간 돼서 들어가 식 올렸지. 끝나구 고새담이라구, 어른들께다 술 올리마 인사허는 거 했지."

수덕사에서 절 구경허구, 사진 찍구

"그거 끝나자마자 바로 덕산 갔다. 덕산온천 있는디. 택시 대절해서 할아부지랑 나랑, 운전수랑 셋이. 나 그렇게 멀리 나가본 적두 없었네. 덕산이 뭐여. 우리 집은 양반집이라구, 양반집 여자들은 정초에두 정월 대보름 지나기 전엔 마실두 뭇 갔어. 집안에만 있으라 허구. 남자들은 오고가마 인사허구 절허구 해두 우들을 어디 뭇 가게 집에 붙잡아두구. 그게 법이었다. 나라의 법이 아니어도 가정에서 지키는 그런 법. 열일곱 열여덟 먹으니께 넘의 집 애들은 워디 수덕사두 놀러가구 무신 절두 다 놀러다닌다구 나더러 같이 가자구두 몇 번 했지. 아니, 보내줘야 가지! 할아부지게다 혼나구, 어무니 아부지두 할아부지 허락 없으믄 못 가게 허구, 몰래 가두 뭇 허구, 워딜 가들 뭇 허구 그러커고 사는디. 약혼헌다니까 태안 시내 나가서 머리헌다구 몇 번 가구, 어무니랑 차 타구 돌아대니구, 그게 좀 다닌 거다.

그런디 식 끝나자마자 덕산인지 워디루 차 태워서 한참 데꾸 가니 내가 뭐 정신이 있나, 겁나구. 할아부지가 내게다 말을 해줬다. 덕산온천 여기가 참 물이 좋은 곳이다, 신혼부부들이 이쪽으로 많이 오기 때문에 당신이랑 여기까지 왔다구. 아주 산골짜기 이쪽저쪽이 산으루 꽉 차갖구 꼬불탕질, 꼬불탕질이여. 길이 죄다 그려. 넓은 질이 없구. 택시 타구 그 길을 꼬불탕 꼬불탕, 허어. 여관으루 갔지. 저녁 먹으러 들어가서 저녁두 먹구, 잤지. 저녁 먹구 나서 할아부지가 목욕을 가자 그러드라구. 내가 생전 워디 벗어를 봤나. 다 벗구 워디 갈 수가 있어야지. 난 못 가지. 난 기냥 아무 소리두 않구 방에 앉어 있었다. 할아부지가 그랬다. '가자. 나랑 항꾸 하기 싫으믄, 그쪽일랑은 여자들 쪽으루 가구 나는 남자들 쪽으루 가서 허자.' 난 그것두 싫다구 혔어. 그것두 싫다구. 집에서 목욕 다 했다구. 할아버지가 '그러믄 문 열어주지 말고, 누가 오더라두 내 목소리 들리지 않걸랑은 문 열어주지 마라. 문 열구 나오믄 서로 찾기두 어려

—

우니께 문 열지 말구 꼼짝 않구 있어라. 나는 목욕허구 올 거다. 나두 목욕은 하고 왔어두, 땀나서 또 하러 간다' 그렇게 말허구 나가드라구.

목욕 갔다 와서는, 이제 자야지 허구는 조개탄인지 뭔지를 막 넣어서 방이 좀 미지근해지데. 할아부지가 내일은 수덕사 절이 가볼까 생각허구 있다구, 그동안 잠도 잘 못 잤을 테니 일찍 눕자 그렇게 말하마 나헌티 껌을 한 꼭지 줘. 먹으라구. 그이가 들어올 때 오는 길에 사과도 샀다 허구, 과자두 한 봉지 사서 먹으라고 줬지. 근디 나는 저녁 먹어서 이끔은 먹고 싶지 않드라구. 안 먹는다구, 할아부지헌티 밀었지. 근디 자기두 안 먹드라구.

할아부지가 '밤새 앉아 있슈' 그러마 먼저 드러눕드라구. 내가 '응?' 허니께 '밤새 앉아 있슈' 그려. 나 말 안 듣는다구. 목욕두 않구, 먹지두 않구, 자자고 허니께 말도 안 듣구, 앉아만 있다구. 자긴 잘 테니 밤새 앉아 있으라구. 그래서 인제 내가 가만히 그이 옆으루 들어가 눴어. 나도 인저 귀찮지, 피곤허구. 눕는 게 편치. 누우니께 할아부지가, 푹 마음 놓고 자라구, 괴로운 생각허지 말구 그저 자라구, 나도 자겄다, 말해주더라구. 그래서 그냥 잤어.

아침에 일어나니 할아버지가 미리 말을 해놨는지 밥이 일찍 들어왔더라. 그거 먹구, 수덕사는 택시를 못 타고 걸어가야

수덕사, 신혼여행

헌다 혀서 걸어갔지. 수덕사 앞서서 지붕 치구 밥 파는 집이 있더라. 거기서 무국에 배추 얼저리 놓구 먹었다. 수덕사에서 절 구경허구, 사진 찍구. 할아부지가 사진 찍어줬지. 카메라루. 야중이 시집 다락이서 깜깜허게 해놓구 할아부지가 사진 다 뽑았어. (손으로 작은 네모를 그리며) 사진이 쬐그매. 워디 갔는지, 느이 엄마가 다 버린 거 같다이."

나는 오래된 사진이 쌓여 있는 상자에서 그 사진을 몇 번 봤다. 증명사진만큼 작은 흑백 사진 속에서 절 탑에 기대앉은 임순은 더 작아 보였다.

"아녜요, 아직 있어요."

"있구나. 할아부지가 찍은 거여. 수덕사 절 구경허구, 오는 길에 여관서 또 하루 자구, 그렇게 이틀 묵었네. 그러고선 시집으루 갔지. 시집서 처음 하루 자구, 다음날이는 큰어른들 계시는 큰집으루 고새담 허러 또 멀리 가야 헌다대. 이끔두 차 타고 20분 거리를 걸어서 갔다. 닭두 잡구 대추두 꿰어서 갔지."

시집 사는디 우리 집에 가고 싶은 마음 들었다

"가니께 아주 으른부터 애까지 육 형제 큰집 사람들이 꼭 차게 다 모였어. 으른들이 본적을 물어. 조상님께 써서 읽어드려야 허니께. 아이, 그게 생각이 나야지. 족두리 쓰구 인저 조상님게다 절허구, 친척들게다 술 한 잔씩 대추 하나씩 닭다리 조금씩 해줘야 허는디, 내 본적이 생각이 안 나. 큰일이여. 사람들 다 나만 보는디. '성이 무어요?' '유가요.' '유가는 알으요.' 거기 으른이 나한테 그렇게 말허시대. 난 신랑 옆이 앉어 있구. 내가 워쩔 줄 몰르구 신랑을 흘깃 보마 '뭐어?' 속삭이니께 '왜, 김해 김씨라거나 뭐, 그런 거 있잖우' 하고 그이가 속삭여. 아이, 이 눔의 게 생각이 나야 말이지. 난 그런 거 물어볼 중두 몰르구, 어려서 들었지 커서는 갈쳐주지두 않구. 내가 간신히 생각나서 '서령 유가요' 대답허니께 '예, 또 있시유' 그랬다. 그 어른이 더 있다대! 아이, '서령 유가 버들 유씨요.' '또 있시유!' '예······서령 유가, 버들 유씨, 자손은 금홍건 자손이요.' '예, 인제 다 됐십니다' 그르드라구. 허이구, 난 결혼헐 띠 그런 거 물어보는 중두 물랐네. 큰일 날 뻔혔다. 다 까먹어갖구. 쬐그만 어릴 때나 멫 번 들은 걸 증말로 기억했으니 다행이지, 나 참.

　　또 거기서 한참 걸어 시집으루 돌아왔다. 거기서 살어야 허니께. 걷느라 힘들었어. 시집에 사는디 방 세 칸 있는 함석집이었다. 집은 작은디 식구가 얼마나 많은지. 팔 남매에 할무니, 할아부지까지 열 명, 나까지 열한 명이었다. 고모들두 시집 안 가고 다섯 살 먹은 막내 삼춘 있구, 아이고. 중신애비는 막내가 중핵교 다니구 형제는 육 남매라구 둘이나 줄여서 말했드라. 쇡인 거지. 뭐 옛날이야 다 그렇게 중신 서기는 했다만. 할아부지가 장남이니께 내가 그 식구 많은 집 큰며느리 된 거구.

시집 사는디 그냥저냥 있어두 자꾸 다시 우리 집에 가고 싶은 마음이 들어. 그렇게 찾아가믄 어무니 아부지가 나보구 '그 집 가서 족보에 이름 올리구 조상님께 인사혔으믄 죽어두 그 집 귀신 노릇 허는 거지 친정 오는 거 아니다. 죽어두 그 집서 죽어야지 친정 오는 거 아니다' 그렇게 혼내더라구. 나뿐만이 아니라 누구게다두 그렇게 혼냈겠지. 시집에 살러 갔응게 살아야 맞는 거니께. 내가 간대두 반가워 허지두 않구. 그려서 그냥 거기서 자식 낳구 살았다. 종현이 낳구, 종규 낳구."

좋은 남자가 무신 따로 있는 중 아니

"내가 저번에 해인(내 언니이고 스물여덟 살)이 보구, 벙벙허니 우둘우둘허게, 운도 복도 따르는 재수 좋은 남자 만나서, 인제 그만 자리잡거라 그렇게 말혔다. 걔가 '전 시집 안 갈 건데요?' 그러드라. 대한민국으루, 인간으루, 나라에 효도허구, 인간으루 태어났으믄 자식두 낳아서 나라에 훌륭헌 일을 혀야지, 그게 무신 소리다니?"

"세상에 결혼할 만큼 좋은 남자가 없어요, 할머니!"

"또 그러드만. 내가 '늬 잘났다는 마음 갖지 말구, 좋은 남자가 무신 따로 있는 중 아니. 다 내 마음으루 받들구, 참구, 가르쳐가마 사는 것이다. 남자 소견은 못 써. 냄자는 무신 냄자든지 어린애 키우듯, 아들 키우는 정성으루 한 20년 살믄, 그제야 내 뜻두 알구 좀 생활해지는 것이다. 턱 쳐들구 늬만 잘났다구 살믄 못 쓴다' 그러니께, 걔가 또 '세상에서 제가 제일 귀한데 뭐하러 남의 집 아들을 데려다 키워요' 그려. 나 참, 걔야 야금스러우니 명랑허구, 알어서 잘 허겠다믄, 그게 쓴다니. 시집두 안 가구, 저만 알구 산다구. 이끔이야 방송에 때깔 곱게 허구 나오는 남자들두 많어서 여자들이 즤 냄편 밉게 보구, 성에 안 차서 싸우구, 틀린 맘 같은 것이다. 방송 땜이 여자들이 참 걷잡을 수 없어지구 있어. 다 나가 저 돈 벌구 살겠다구 돌아대니니 집안 살림두 못헌다더믄. 시어무니들이 텔레비 나와가 말허더믄. 메느리들이 다 자기 일허구, 자기 얼굴 맨지구, 그럼 원제 살림 혀. 냄편이 뭐라 허믄 싸움 뎀비구, 안 산다구 나가버리구. 이끔이나 세상에 여자들이 이러지, 돌아다니구 활동허구. 우리 촌 인심으루 여자들은 집 밖두 잘 못 나갔다. 나은아, 너는 그러지 말어. 그저 묵지근헌 괜찮은 남자 만나서 냄편게다 뎀비지 말구. 겸손허게 웃구 참아가마, 애기두 낳구 나라에 훌륭한 일 해가마 충실허게 살어라이."

"음, 네. 커피 안 드세요?"

—

참으로 아름다우시네요

"이, 먹어야지. 나은이 허구 두런두런 얘기허느라 커피 먹는 것두 잊었네."

임순과 달웅, 또 다른 이야기

어느 명절, 임순은 달웅을 만나게 된 이야기를 들려준 적이 있다. 내가 기억하는 이야기는 대략 이렇다.

한국전쟁이 끝난 뒤 군인들이 버린 포탄과 총알이 산에서 심심찮게 발견됐다. 산에 나무를 하러 간 아이들은 이런 잔해들을 터트리거나 모아서 주워왔다. 임순이 스물대여섯 살 무렵 임순의 여동생이 산에서 긁어모은 솔가지를 아궁이에 넣고 불을 땠다. 쪼그리고 앉아 있는데 갑자기 뭔가 터져 치마에 불이 붙었다. 급하게 바가지로 물을 부어 껐지만 여동생은 다리에 심한 화상을 입었다. 불발탄이었다. 임순은 말했다.

"전쟁 끝나고 20년이 다 되도록 없어진 중 알았드니 그런 게 아직 산에 남아 있었는겔라. 그게 아궁이서 펑 터졌으니 여간 놀라랴."

다른 언니들은 바빠서 임순이 여동생을 데리고 시내에 있는 병원으로 가기로 했다. 고모네 오빠가 데려가주었다. 병원에 도착한 세 사람은 의사를 기다렸다. 그날 휴가를 받아 고향에

온 달웅도 어떤 이유로 병원에 있었다. 임순의 여동생은 소문나게 미모가 뛰어났다. 푸른 원피스를 입고 병원 의자에 앉은 여동생을 보고 달웅은 참으로 아름답다고 생각했다.

달웅은 고모네 오빠하고 아는 사이라 인사를 한 뒤 집으로 갔다. 집에 도착한 달웅에게 가족들은 언제 혼인할지 물었고, 마침 병원에서 본 아무개네 딸이 인물이 고와 생각이 난다고 말했다. 그 말을 들은 고모네 오빠는 달웅이 말하는 여자가 임순이라 생각했다. 중매 날에 달웅은 여동생이 아니라 임순을 만났고, 임순은 달웅의 아내가 됐다.

"나라서 아쉬웠겠구먼."

달웅 이야기를 듣고 임순은 말했다. 달웅은 웃어넘겼다.

"허허, 당신허구 내가 그렇게 만날 인연이었는가 부지."

그때 고모네 오빠가 착각하지 않았다면 임순의 삶은 어떻게 흘러갔을까?

임순은 이 이야기를 좋아하지 않는 듯하다. 또 해달라고 부탁할 때마다 나중에 다시 해주겠다고 했지만, 다시는 들을 수 없었다.

참으로 아름다우시네요

별루 안 싸웠어, 진짜여

임순네 시집은 친정에서 차로 30여 분 떨어져 있다. 그곳을 월산리라고 하자. 가명이다. 월산리에는 갯벌이 있어 여자들은 농사를 짓거나 바지락을 캤다. 길쌈은 전혀 하지 않았다. 월산리에서 임순은 조개를 아주 많이 까야 했다.

시집 남자들은 바다에 전혀 나가지 않는다. 염전 일을 업으로 삼아도 갯벌에 나가 생물을 잡아오는 법은 몰랐고, 딱히 배우려 하지도 않았다. 임순은 다른 사람들이 낙지를 한 바가지씩 잡아 데쳐 먹는 모습을 부럽게 지켜보기도 했다. 달웅은 논농사와 밭농사, 염전 일을 했다. 임순은 열한 식구가 사는 시집에서 유일한 며느리였다. 매일 아침 자기 키만큼 크고 무거운 독을 등에 짊어지고 오르막길을 올라 물을 길어왔다.

"조개 까느라 심들었다. 고모들이 잔뜩 긁어오믄 밤에 밤새 까야 했어. 아주 손가락 벗겨지도록 조개 까대. 남자들은 바다 안 대니구 여자들만 대녀.

거기는 물 긷는 우물이 원체 멀리 있어서 느무 심들었다. 식구 많으니께 물은 많이 쓰지, 새벽에 내 키만 한 큰 독을 등에 져다가 우물 가서 물 가득 퍼다 그 무거운 걸 등에 메구 다시 언덕길 한참 올라서 부엌에 내려놓구 밥을 져야 허는디, 정말 심들었어. 여름이구 겨울이구 매일 워찌 했는지 참 못헐 짓

74 | 75

이였어, 물 긷는 거.

　밤이면 한 방에 시부모, 시동상 팔 남매가 죄다 주루룩 누워 있구, 난 등잔불 앞이 앉어서 식구들 양말 한 바가지 놓구 바느질해가마 꼬매구. 그때는 양말두 하루에 여러 개 신었어. 얇어서 구멍두 잘 나구. 이끔은 다들 차 타고 대니니까 빵꾸도 안 나지, 그때는 양말두 하루에 빨면 시숫대야 두 개씩 나왔다. 그걸 뒤란이다 줄 매서, 탈수기도 없으니 하나하나 손으루 꽉 짜서 널어야지. 빨래는 또 샘 가서 해야 허니께 이고 가야지. 아이구, 낮에 그거 끝나믄 밤에 등잔불 키고 양말 잘라 붙이믄서 꼬매구. 냄편 얼굴은 거의 보지두 못했어. 일허러 나가서.

　아침이 밥상 들어서 안방이다 쭈욱 놔주구, 옆방 시누이들 밥상 주욱 놔주구, 안방에 물허구 숭늉 갖다 놔드리구 시늉허구 하다 보믄 시간 다 지나서 시누이들도 밥 다 먹구 상에 내 밥만 남었지. 그때 앉어서 그거 먹구 밥허구 설거지허구 일허구 밥허구 설거지허구, 후우…….

　시집이 겨울에는 춥구 여름에는 더웠어. 여름에 그 더운 날에 밥은 해 먹어야 허니께 아궁이에 불 때고 밤에는 모기 들어온다구 문 꼭 닫고 자고. 식구는 많으니 밤에 한방에서 자믄 그 열 식구 사람 화기가 아주, 아이구. 그러믄 얼굴에 땀띠가 두드럭두드럭 나, 열 때문이. 여드름 꼬마지처럼 하얗게 공기 먼은(익으면) 근질거려서 긁고, 숭터 남구, 아주 그 집에선 더

—

워서 죽는 중 알었다. 열이 올라서 혼곤허니, 어찔어찔허게 서 있으믄, 저 길 건너편에서 미루나무 잎새가 바람에 나풀나풀 흔들리는 게 보여. 아이, 저기 가서 살으믄 바람 닿아 좋겄다, 이 생각하마 살었네.

그렇다구 겨울에 따뜻하기를 하나. 큰길 고개 너머에서 불어오는 칼바람이 죄다 우리 집 안으루 들어와서 여간 추웠지. 그걸 다 참고 사니까 할아부지는 나보고 천사라고 불렀다. 무슨 일이라도 있으믄 나헌티 '천사여, 당신은 천사여' 그랬지. 맘씨가 좋다구. 이모들두 나 보믄 '형부가 언니는 천사라구 허드라' 하믄서, 허허. 내가 뎀비고 싸움 않으니께. 앙앙거리고 싸우고 혔으믄 밉다고도 혔겄지."

"할아버지랑 싸운 적은 없으세요?"

"없어. 별루 안 싸웠어. 진짜여. 할아버지두 '고만둬유, 천사님. 고만둬유, 천사니께' 하마 말리구. 농사짓구 여러 식구 밥 해 먹구 밭 매느라 시달리구 산 게 다지. 시어무니가 마흔다섯이랴. 키도 크고 예뻤어. 거친 일은 안 헐라구 허시대. 예쁜 옷 입구, 거울 앞이 앉아 머리를 두 시간은 빗었다. 머리가 탐스러우니 비녀 꽂는 낭자머리를 이렇게도 빗어봤다 저렇게도 빗어봤다, 이뿌셨지. 시어무니두 글 몰랐어. 죽을 때꺼정 전화 한 통 못 걸었다.

시아부지는 일 잘혔어. 힘두 좋구 부지런하시구. 집을 지어두 시아부지가 나뭇동이를 번쩍 들어다 바치락바치락 허믄 금방 지어져. 안 해도 될 일을 부러 나서서 허시구, 부지런했지.

시어무니랑 시아부지랑 나이가 13년 차이여. 차이가 그렇게 많이 나데. 내가 그려서 냄편헌테만 슬쩍 뭐 잘못된 두 번째 결혼 아니여 하고 물으니께, 아니랴. 중신 혀서 만났대. 근디 시어무니두 식 올리구 보니까 신랑 나이를 한 대여섯 살 쇡였대, 중신애비가. 다 알믄 결혼 안 헐까 봐 남자 쪽은 죄다 쇡였는가 봐.

나두, 시어무니두. 허허. 시어무니 친정어무니가 시집을 세 번 갔드라구. 맨 먼저는 정실부인으루 가서 아들 두 형제 낳구, 두 번째 시집가서는 시어무니랑 남동상 남매 낳아놓구, 또 세 번째 시집가서는 또 남매 낳구. 세 번째에 낳은 남매는 우들이랑 같이 한 동네서 살았지. 시집 세 번을 갔어두, 다 부잣집이루 갔어. 자식들두 다 한자리허는 사럼으루 키우고. 워쩌다 그렇게 갔나 물러."

"그 시절에 시집 세 번 다 잘 가기 힘든데 신기하네요."

"이, 그려서 시어무니가 원래는 인천에서 살다 결혼허구 나서 친정으루 내려왔나 봐. 이유는 물러. 도시서 살다 왜 이 촌구석으루 왔는지 참. 늬 할아부지 다섯 살에 내려왔다대. 할아부지가 호적 이름은 달웅인디 사럼들은 다 영기라구 불렀어. 김영기. 시어무니네 친정 사럼들이 할아부지 보믄 똑똑허구 이

뺐다구 한마디씩 해줬지.

시집네 친정 사정이야 넘의 집이니 잘 몰르지. 이렇게 시내 가까운 디루만 시집왔어두, 좀더 큰 도시로만 갔어두 나두 더 배우구 내 어두움이 좀 나아졌을 텐디. 나두 젊어서 공부허보구 싶은 마음이 없는 게 아녔다. 그런디 시간이 없었어. 옛날 같았으믄 너랑 앉어두 못 있구 설거지허구 있을라. 밥 멕이구 집 청수허구 빨래허구 나믄 점심때 되지, 점심밥은 한두 번 차린 중 아니. 농사일 허러 간 사람들이 제멋대루 들어오니께 점심 은 하루에 서너 번씩 차렸다.

바뺐어. 쌀 안쳐서 밥할라믄 쌀에 독(돌)이 아주 많았다. 사람 인력으루 벼를 깠으니, 원. 돌 없앨라믄 박바가지에 물 붓고 살살 손으루 건져서 대여섯 번씩 씨쳐내야 혀. 그럼 돌이 세 숟갈씩 나왔다. 시간두 한참 걸려. 밥 한끼를 시간 들여 지으믄, 꼭 작은시아배가 밥 먹다 그렇게 해두 안 걸러진 돌을 씹어, 콱. 그럼 '아으유' 허구 인상을 팍 써. 그럴 때믄 내 마음이 참 미안허구 눈치 보이구 그렸지.

시아부지가 고집이 셌어. 울근불근 뻘끈허는 성질 있구. 그냥 넘어갈 일에두 소리를 꽉꽉 내지르구 그러대. 그래두 메느리 들였으니, 애들두 있구, 시어무니가 많이 참았지. 시아부지보덤야 시어무니가 똑똑했지. 글은 하나두 물렀어. 그 시절엔 여자 안 가르쳤으니께. 시아부지는 한글 좀 알았어두, 시어무니가 더 기억력도 좋고 말씀도 조리 있게 허시구, 배왔으믄 뭐 한자리했을 분일라. 허허. 시집 식구들은 서울도 가서 살아 봤다 허구 할아버지두 고등핵교 나오마, 군인도 가고, 여기저기 활동을 많이 허셨지. 그러니 본 것두 많구 배운 것두 많구."

임순의 시어머니 정년은 임순하고 비슷한 점이 많다. 영리하고 말주변이 좋은데다 기억력이 뛰어나지만 여성이라는 이유로 글을 배우지 못했다. 정년은 임순에게 며느리의 의무와 고강도 돌봄 노동을 떠맡기지만, 글 모르는 한을 이해하는 유일한 상대일 수도 있었다. 정년과 임순 다음 시대의 여성인 도희는 대학 교육을 받았으며, 강한 유교 가치관과 억압된 인식을 수용하지 못했다.

"나는 집이서만 살마 농사짓구 빨래허구 살림만 아니, 내가 할아버지보덤 훨씬 어두웠다. 그 사럼 많이 뒷바라지허구 도와주는 걸 못했어. 몰르고 어둡고 겁나서. 할아버지는 춤도 잘 추구, 웃기도 잘 웃고, 다정허구 부드러우니, 당신 같은 사람이 세상에 반만 되두 세상이 이끔처럼 숭악허지는 않을 거라구 내가 말했지. 애들 뱃속에 있을 때두 둘 다 나 닮으라고는 안 했어. 손으로 내 배를 살살 문질러가마 '아빠 닮어라, 아가, 아빠 닮어' 이랬지.

종현이를 음력 8월에 낳았지. 그해 추석 쇠구 나서 바로나 스물일곱 살에. 난 애기 가져두 배도 하나 안 불렀다. 티도

—

잘 안 나게 두 애가 다 배가 쬐금만 불러서 사람들이 시어무니 헌티 '메느리 애기 뱄다믄서 원제 나?' 그랬다. 배에 튼 살 이런 거 하나두 안 터졌어. 목욕탕 가믄 배나 다리가 후뜩후뜩허게 터진 사름두 많드만, 난 그런 건 움써. 기냥 늙어서 쭈글쭈글해진 거지. 예전에는 살두 하나 없드니 살은 좀 쪘네."

하루가 넘어갔는데두 애가 안 나오는겨

"입덧은 없었어요?"

"아이구, 이 병 저 병 중에 애 서는 병이 제일 고된 것 같다. 못 먹어서 너무 심들었어. 냄새를 맡을 수 있나 밥을 먹을 수가 있나. 그때야 과일 이런 것두 하나 없구. 종현이는 한 6개월 지나니까 밥 좀 들어가지대. 종규는 열 달 넘도록 먹지를 뭇혔어. 배는 고픈디 먹지를 못허니, 건너편 집에 굴뚝서 밥 짓는 내 나믄 저 집은 뭐 맛있는 거 만들어 먹나 쳐다만 보구 그랬네.

가족들이 한 상에서 밥 먹는 거 없구, 안방에서 시부모들 밥 먹구 나는 시누들이랑 옆방이서 먹으니께, 시어무니가 나 입덧 심헌 거를 알기를 하나. 상 차리고 숭늉 떠다 주구 허느라 시누랑 같이 먹지두 뭇허니 걔들두 모르지, 나 밥 안 먹는 걸. 별 신경두 안 쓰고. 어린 걔들이 입덧이 뭔지 알기를 허나. 어른들도 그때는 '애 서다 죽는 거 없다! 애 스는 게 벼슬이간?' 그러니께. 입덧 못 먹어서 죽는 거 없다구. 그래 안 죽지. 죽다 살아나는 거지. 참, 아이구.

두 애 다 집에서 낳았어. 산파 그런 것두 안 부르구 나 혼저 낳았지. 시어무니가 옆이서 보고 있긴 했어두, 뭐 낳는 거야 내가 낳지 넘이 낳나. 그때야 애 받는다구 지랄허구 헐 게 뭐 있냐. 근디 느이 아빠 종현이는 하도 못 낳아서 동네 의사 데리구 왔어. 내가 진통 오고 양수 터진 지 하루가 넘어갔는데두 애가 안 나오는겨. 그러니께 인제 애기가 위험허다구 식구들이 동네 의사를 불러왔지.

그 사람이 와서 아래를 째고 애기를 끄냈어. 근디 안 울어, 애가. 의사가 애기를 거꾸로 들구 궁딩이를 뻑뻑 소리 나게 쳐두 전혀 안 울어. 팍팍팍팍, 아주 쉴 새 없이 쳐, 애기를. 나는 인제 지쳐서 눈 뜰 힘두 없지. 눈 감고 있는데 그 애 때리는 소리만 나니께, 워칙허길래 저런 소리만 나나, 힘은 다 빠져갖구 그 생각만 가졌지. 내랑 애기가 하도 죽네 사네 허니께. 그때는 할아버지가 옆에 시어무니랑 같이 앉아 있었지. '태 짤라야 허는디, 울두 않는 거 워칙헌대유.' 시어무니는 나갔어. 애가 하도 안 우니께 글렀구나 허구 나갔겄지. 철퍽철퍽, 철퍽철퍽. '태 짤르야지요. 태 짤르야지요. 느무 오래 냅둘 수두 없구.' 할아버지가 그렇게 말하는 소리만 들려. 의사가 마지막으로 찰팍찰팍

—

더 때리드라구. 그러드니 갑자기 '차작' 허는 이상한 소리가 나. 그러드니 갑자기 애 울대. '아앙아앙' 허구.

'아이구 됐슈, 아이구 됐다. 애썼구먼. 애썼다, 너.' 의사가 애기한테 그렇게 말허드만. 인제 태 짤르구 내 옆에 애기 뉘여주구, 할아버지랑 의사는 나갔지. 애기랑 그렇게 누워 있었어. 낳으니까 편허대. 나 죽을 뻔했다, 걔 낳느라. 종현이 걔두, 아슬아슬했지. 의사가 아래를 째서 두 바늘 꼬매주구 갔어. 몇 시간 있으니께 그게 너무 아파. 세상에 그렇게 독꾼맞게 아플 수가 없드라.

옛날 어른들 애기 키울 때 꼭 깨끗허게 닦아줬다. 한 번은 샅추리(사타구니)서부터 아래에서 위로 한번 닦아주구, 한 번은 얼굴에서 아래루 이렇게 내려가마 부드럽게 닦아줬어. 어른들이 꼭 이렇게 두 번 닦아주마 '아침 이슬이 잎새에 붙듯 저녁 이슬 너울에 보름달 붙듯 삼신할무니 우리 애기 무럭무럭 잘 크게 해주시요' 이렸지.

그래두 내가 젊은 마음에 그걸 매일 할 수야 있나. 정신 놓구 안 허지. 느이 아부지 배냇저고리는 연태두 있다. 내가 그냥 가지구 댔어. 이끔 50년두 넘었네. 그렇게 애기 낳아서 금줄 걸었지. 새끼 꼬고 고추 달어서. 금줄을 삼칠일 달잖니. 스무하루 정도. 종현이 금줄 뗄 날두 이틀은 남았는디, 할아버지가 문을 열고 고개를 쓰윽 들이밀마 우리 둘을 보고서 '나 돈 벌

어갖구 애기랑 당신 데려갈게' 그러구서 문 닫구 갔어. 안 들어
왔다. 편지도 한 장 없구 연락두 없구. 내가 뭐, 각시인디 무슨
말을 허니. 그냥 혼자 애기 달래가마 안구 살었지.

두 달 뒤가 우리 시누 시집가는 날이었어. 대사 치뤄야 허
니께 시집 식구들이 다 와서 일 보고 있었지. 나두 일허구 있는
데 시모가 오노서 나를 불러. '종현 엄마.' '예, 이모님.' '종현 아
부지 왔다. 와서 봐봐.' 난 안 가구 그냥 있었다. 냄편이래두 어
렵드라구. 몇 달 보두 못했으니 원. 시모가 '하이고, 엊그제 시
집온 사람두 아니고 이렇게 수줍으니 워칙혀' 그려. 난 그냥 고
개 돌리구 서 있었다.

'에유, 저리 얌전헌 사람을 두고 워딜 그리 오래 있나 오
노! 종현 엄마 안 나오게 생겼네, 아배가 일루 와.' 사람들이 그
려. 그러니께 워디서 할아버지 목소리가 들리드라. 그이가 시아
부지 계시는 큰방에서 나왔어. 시모가 '여기 오노 봐. 종현 어매
여기가 앉았네' 이러니께 할아버지가 나 있는 방에 머리를 쓱
들이밀마 나를 보드라구. 고개를 꾸벅, 인사혀. 나한테, 자기
왔다구. 그러드니 허허허허 웃드라. 그이가 웃긴 잘 웃었어. 입
모습두 참 이뿌게 웃었지."

나 돈 벌어 갖구 애기랑 당신 데려갈게

"두 달 동안 어디서 무슨 일 하셨대요?"

　　"서울! 서울 갔었다대. 돈 쬐금 가져간 사람이 거기서 뭐 대단한 일 하겠나. 노동 일 같은 거 좀 허다 왔겠지. 거기 갔다 와서 앓드라구. 할아버지는 낳기는 서울서 낳았다고 허대. 그러니 서울 가고 싶은 생각두 가졌나 보지. 할아부지 다섯 살 먹어서 여기 태안 시골로 내려왔다 허잖디. 내가 그 소리를 어떻게 들었냐믄, 할아버지가 등짝에 큰 숭터가 있드라구. 아주 무섭게 생겼다. 난 종현이 낳구두 좀 지나서야 처음으루 그 숭터를 봤네. 그때야 집에서 목욕허구, 부부간에 옷 훌떡훌떡 벗는 게 없었다. 나두 양반집 자손이라 시집살이 몇 년 동안 매일 한복 입구 저고리 치마에 앞치마 두르고 살었지.

　　그 여름에 할아부지가 염전 일 끝내고 오더니 시숫대야를 갖다 마당에 놓으마 '나 등허리 좀 문질러줘. 덥구 끈덕거려서 죽겠네' 이러믄서 웃도리를 벗대. 여름에 독에다가 물을 담아 놓으니께 물두 시원두 않구 뜨뜻혀. 바가지로 물을 퍼다 부어주마 등을 닦었지. 냄편 벗은 등짝 그날 첨 봤다. 등을 문질르는데 이, 갈빗대 있는 부분에 길고 커다란 숭이 있는겨. 누구헌티 칼 맞은 것처럼. 소름이 찍 돋드라! 무섭구. 숭터 있는 부분을 일부러 더 만지마 닦아봤어. 이이가 뭐만 허믄 허리가 아프다 아프다 헌 게 이것 땜이 그런가. '거기 숭 가졌어.' 내가 하두 만지작거리니께 할아부지가 먼저 말허드라구. '칼에 벴나? 월마나 나쁜 짓을 혔길래 이런 게 생기나?' 대뜸 그 생각이 들구, 아주 그거 보구 며칠 동안 속두 안 좋았다.

냄편헌티는 말두 뭇 묻구 있다가 시어무니헌티 물었지. 대청마루에 마주 앉어 홑이불 짜다가 '어머니, 애비 잠댕이(등)는 큰 숭이 있던디, 워칙허다 저렇게 되게 혔대유?' 허께, 시어무니가 '이, 애비는 그 숭으로 인하여 명을 이어간다구 혔다. 그 숭이 없었으믄 이끔 이 세상을 살 사람이 아니라구' 허드라.

시어무니가 서울서 셋집 살 때 시아부지를 만나 둘이 혼인했나 봐. 첫 애기를 낳는디 그게 느이 할아부지여. 주변에 달리 부를 친인척두 없었나 봐. 산파를 들였드라구. 애기 봐줄 여자. 그때는 애기 낳아두 가려야 헐 게 많았어. 금줄 치구, 먹는 것두 움직이는 것두 다 조심해야 혔어. 금줄 뗄 때까지 스무날까지는 부엌에서 밥 해두 먼지를 빗지락으루 쓸어다 아궁이에 넣는 것두 허믄 안 됐다. 탁탁 허다가 먼지에 불 붙어서 애기 얼굴에라두 닿으믄 보푸래기 나서. 근디 그 귀한 애기를 낳구 사흘째 날에 산파 그 노무 어매가 아궁이서 겨란을 삶어 먹었더구나! 시어무니는 몰랐댜. 근디 애기가 갑자기 사흘 날부터 열이 확 끓으마 잠댕이서 겨란 튀어나오듯이 종기 세 개가 자꾸 튀어나오기 시작하드랴.

—

'이것은 뭘루 연배해서, 늬 잘못이 있는 거 같다. 너 오늘 뭐 워치게 했느냐.' 시어무니가 산파에게 물었다. '예, 아침에 계란 시 개 삶어 먹었슈.' 그러니 애기 잠댕이에두 그 종기가 시 개 튀어나왔드랴! 그 탓으루 애기가 그렇게 펄펄 끓으니 시어무니두 참 마음이 어땠겄니. 낳은 지 사흘 된 애를 워디 멀리 데리고 갈 수두 없구. 종기가 막 공기니게(곪아서) 시어무니가 애기를 안고 수녀에게 데리고 갔댜. 약이라도 받을라구. 옷을 둘둘 말아서 안고 갔는디, 시어무니가 그때 애기 안고 간 뒤로 이끔까지두 팔이 아프다 아프다 허시드라, 허허.

수녀가 애기를 안아 들구, 칼은 못 대지, 어려서. 쬐그만 침으루 종기가 곪은 디를 살살살 후비마 찔렀대. 그러니께 아주 속에서 피고름이 줄줄 나오마 애기가 와아앙 허구 고 작은 주먹을 꽉 쥐마 아프다구 마구 울었댜. 시어무니두 그걸 보고 울었댜. 어린 새끼가 그렇게 우니 애처로워서. '그때는 숭이 쬐그마했는디, 사람이 커 가마 가죽이 늘어나니께 그렇게 커지드라.' 시어무니가 그러시드라구. 종현 아배는 워디서 사주팔자를 봐두 대뜸 '이 냥반은 몸에 큰 숭이 있어야, 그래야만 이끔까지 살아 있는 운인디요?'라고 말한다. '예, 몸 안 보이는 속에 큰 숭이 있시오.' '그 숭이, 가져야만 허는 숭이에요.' 할아버지 천성이 그게 있어야만 살 운이라니, 산파도 그걸 알구 부러 그 귀헌 겨란을 삶어 먹었는가 벼. 애기 살릴라구.

그렇게 할아부지가 어려서 태안으루 내려와 살다 열아홉, 스물 먹어서는 인천 워디서 유리 공장 대녔댜. 유리칼두 맨들 구, 거울도 맨들구, 그런 기술 쓰는 공장서 일하믄서, 거기 사 장집 딸이 자기를 그렇게 좋아했다고 말허드라. 사장집 딸이 자기보다 두 살 많았는디 아주 이뻤댜. 자기를 따라다니마 좋 다구 했는디, 할아버지는 자기가 나이가 어려서 그게 걸렸다드 라구. 유리 공장 사장두 할아버지가 부지런허구 순허니께 참 이뻐했다구. 사장이 그이 머리를 쓰다듬어가마 그랬댜. '참 착 허여. 이 사람아. 착혀.' 한 4, 5년 거기서 일하다 스물두 살에 군대 갔다. 내가 그 말 듣구 말했지. '어유, 그 집 딸이랑 결혼했 어야지. 그런, 큰 도시서, 공부두 많이 허구 어줍잖은 여자 만 났으믄 당신두 더 크게 됐겠구먼. 유리 공장 여자를 만났어야 지 어쩌다 나를 배필루 만나서.' 난 배우지 못 허구 겁이 많아서 할아부지 발뒤꿈치서 살림만 하마, 냄편 이끌고 출세시켜주는 그런 인물이 뭇 됐다. 내 죄지."

"그게 왜 죄예요, 할머니. 할머니가 돌보고 살림해서 키운 식구들만 몇 명인데."

"유리 공장 그 여자를 만났어야지 내가 그러믄, 할아부지 가 항상 허허 웃으마 그려. '당신이 더 좋으니께 당신허구 살게 됐잖나.' 허지만 나는 배우지 못헌 내 어두움 때문에 마음이 괴 로워서 그 사람한테 많이 잘하질 못했어. 겁나구, 세상이 그저

—

알 수가 없었다.

　할아부지 치매 앓구 말 한마디 못하고 누워 계실 때, 내가 귀에다 대고 그렸어. 나는 당신 안 따라간다구.* 거기서두 당신 마음씨는 나 감싸구 돌봐줄 텐디, 당신은 더 좋은 사람 만나야지 나같이 어수룩헌 배필 만나믄 안 된다구. 나는 나 갈 디루 가구 당신은 당신 위한 더 좋은 극락으루 가서 행복허게, 나 같은 부족헌 사람 만나지 말구 행복허시라구. 나 만나서 고생만 하구 병 앓다 떠난 사람. 내가 운 좋아 당신 만난 복을 더 달라구 감히 말을 헐 수가 없다. 나는 못 간다. 인제 당신이랑 함께 살 수가 없어. 나는 이끔두 그이 사랑하는 마음은 조금두 가시질 않는다. 그저 보고 싶고, 아직도 살아 있는 것 같어."

오지 않는 남편을 기다리다 기다리다

임순은 스스로 죽으려 한 적이 있다. 종현이 태어나고 막 걸음마를 시작할 무렵 달웅은 다시 한 번 집을 나갔다. 달웅은 아

---

* 임순은 말년의 달웅에게 더는 따라가지 않겠다고 귀에 속삭인 이 이야기를 여러 번 했다. 그때마다 자책과 슬픔의 정도는 달랐지만, 결론은 늘 다음 생에는 달웅하고 결혼할 수 없다는 말이었다.

버지(내 증조할아버지)하고 자주 싸웠는데, 어느 날 다툼이 끝나고 임순에게 말했다.

"나 인제 염전 옆에 창고에 가서 살라."

"밥이라도 먹을라믄 집에 와야지, 그 창고서 워치게 살어."

"이불이나 줘. 덮구 자게."

임순은 혼수로 손수 짜온 솜이불을 꺼내줬다. 이불을 들고 나간 달웅은 돌아오지 않았다. 오지 않는 남편을 기다리며 열 식구 물 긷고, 밥 짓고, 설거지하고, 빨래 널고, 바느질로 지새운 밤이 여러 번 지났다. 어느 날 밤 임순은 잠든 아이를 방 한가운데에 가만히 눕혀놓고 아이 얼굴을 계속 쓰다듬었다.

'나도, 살지 말어야지.' 아이가 깨서 혼자 움직이다 다칠까 임순은 종현의 머리맡에 베개를 꼭 붙여놓고 보자기에 단단하게 싸맨 뒤 집을 나섰다. 달빛이 불빛 하나 없는 길을 희뿌옇게 비추고 있었다. 임순은 계속 걸어서 상엿집을 지나고 모래밭을 지나고 염전도 지났다. 염전 옆 창고에 도착해 조심스럽게 문을 밀고 안을 들여다봤다. 아무도 없었다. 임순이 준 솜이불만 염전 포대 위에 얹혀 있을 뿐이었다. '집에 가지 말구, 죽어야지.' 임순은 생각했다.

창고를 나와 바다로 걸어갔다. 바다를 막은 둑 앞에 도착한 임순의 귀에 철렁철렁 거센 파도 소리가 들렸다. 바람이 세차게 불었다. 밀려온 파도가 원둑에 부딪히면서 퍼진 물줄기에

—

머리까지 흠뻑 젖었다. 임순은 깜짝 놀라 외마디소리를 내지르며 부들부들 떨었다. 발 아래를 내려다보니 달밤에 비친 바다가 더욱더 어둡고 깊게 느껴졌다. 고개를 드니 먼 곳에서 파도가 하늘에 닿을 듯 높이 솟아올라 달려왔다. 약하고 하얀 빛이 일렁거리며 파도 끄트머리에 매달려 있었다. 임순은 다시 한 번 온몸으로 물세례를 맞았다.

'나 인제 종현이 얼굴두 비비구, 할 일 다 허구 왔다. 세상 끝내려믄 뛰어내려야지, 뛰어내려야지.' 임순은 뛰어내릴 수가 없었다. 갑자기 길에서 아주 크게 아기 우는 소리가 들렸다. 귓가에 있는 듯 또렷하게 들렸다. 임순의 발은 자기도 모르게 뒤를 돌아 마구 내달렸다. 단숨에 염전을 지나고 모래밭을 지나고 상엿집을 지났다.

쉬지 않고 달려 집 앞 들마당까지 도착한 임순의 귀에 여자의 곡소리가 들렸다.

"아이고 아이고."

아기 울음소리는 나지 않았다.

"종현아, 느이 어매 죽었다. 너를 혼자 두고 이 밤에 나가 다니 죽었구나. 느이 애비는 없구 어매는 죽은 게 분명하다."

시누가 종현을 등에 업은 채 비탈길을 울며불며 내려오는 소리였다. 어두운 달밤에 포대기에 애를 업은 시누가 사라진 임순을 찾아 휘청휘청 걷고 있었다.

유년기 종현

"고모."

임순은 시누를 불렀다.

"언니, 워칙 헐라구 애두 놓고 갔어. 나 우는 거 봐."

시누는 죽은 줄 안 임순을 보고 눈물을 흘렸다. 임순의 다리는 후들거리고 온몸이 오들오들 떨렸다. 시누 뒤를 따라 애기를 품에 안고 집으로 들어갔다.

시누는 달웅이 어디서 지내는지 알고 있었다. 달웅은 염전 창고를 지나 더 멀리 있는 슈퍼에 있었다.

"언니랑 애는 그 집서 고생시키구 오빠만 혼저 여기서 편히 사는구먼."

시누를 본 달웅은 놀라 물었다.

"너 내가 여기 있다고 그 사람한테 말했냐?"

달웅은 다음날 솜이불을 들고 집으로 돌아왔다. 임순이 죽지 않고 달웅도 돌아오면서 이야기는 이어진다. 도희도 임순에게 비슷한 이야기를 들은 적이 있다.

"내가 이해할 수 없는 건 사람이 어떻게 팔십 평생을 그렇게 참고만 살 수 있냐는 사실이야."

"할머니도 젊을 때는 집도 나가고 그랬대."

"언제?"

"네 아빠 돌 갓 지나서 걸음마 뗄 때라 그랬나. 애를 혼자 두고 나가서 아주 멀리 갔다던데. 며칠 뒤에 어쩔 수 없이 돌아왔다고. 막 결혼할 때 들은 이야기라 기억이 안 나."

"좀더 자세히 생각해 봐."

"기억 안 난다니까. 집중해서 듣지도 않았어."

임순이 집을 나간 적은 있지만, 기간이나 과정은 도희가 들은 사실과 내가 들은 사실이 다르다. 임순은 죽으려고 나갔을까, 벗어나려고 나갔을까? 몇 시간 만에 돌아왔을까, 며칠 만에 돌아왔을까? 정확한 사실은 알 수 없다. 50여 년 전 임순이 주어진 삶에서 벗어나려 한 순간이 있다는 사실이 겹칠 뿐이다.

임순의 기억은 시간 순서대로 나오지 않았다. 뒤죽박죽이 되면서 더 자세해졌다. 이야기가 쌓이면서 임순은 조금씩 인생의 내밀한 순간들을 말하기 시작했다. 그렇게 나온 말들은 임순이 쉽게 털어놓을 수 없는 상처이자 고통이었다. 종규의 죽음과 달웅의 가출을 가장 마지막에야 들을 수 있었다. 파도가 쏟아지는 순간, 후들거리는 다리로 방둑 앞에 서 있던 선택의 기로, 임순은 아기 울음소리를 등지지 못하고 되돌아갔다.

월산리에 전기가 들어온 때는 종현이 여덟 살인 1970년대 중반이다. 그때까지 마을 사람들은 밤이면 등잔불을 켜고 살았다. 캄캄한 밤에는 도깨비불이 자주 나타났다. 임순도 도깨비가 켠다는 푸른 불을 많이 봤다.

"도깨비불이 눈앞 여기서 번쩍 허믄 막 저쪽으루 죽죽죽죽 날러가서 또 번쩍 허구, 또 자아기 멀리서 번쩍 허구."

임순은 그 불만 봐도 겁이 났다. 구질구질하게 비가 오고 축축한 날, 산자락에서 도깨비불이 나타나면 특히 무서웠다. '머리가 하늘로 솟고 몸띵이가 막 쪼이는 것같이 땡기고 무셔' 웠다고 한다.

시어머니 정년은 임순만큼 겁이 많지 않았다. 비가 부슬부슬 내리는 밤 열한 시, 분가한 임순의 집에 들른 정년이 느지막이 집으로 올라가려 대문을 나오니 도깨비불이 번쩍번쩍 나타나 푸른 빛줄기를 '찔찔찔찔 흘리마 불덩어리 떨어트리듯 흩뿌리고 시뻘개졌다 퍼래지'며 정신없이 사람을 홀렸다.

"저노무 도깨비불, 왜 저 지랄허구 대녀. 내가 도깨비불 본다구 끄덕이나 할 중 아니!"

정년은 어두운 언덕길을 성큼성큼 올랐다.

도깨비는 사람을 붙잡으면 뒹굴고 감아서 싸운다고 했다. 월산리는 특히 도깨비가 많았다. 밤새 도깨비하고 싸운 남자 이야기도 있었다. 한 남자가 밤중에 길을 가다 어둠 속에서 싸움이 붙었다. 밤새 뒹굴어가며 누가 이기나 싸웠다.

"도깨비인 중 몰르구 기냥 싸우는디, 그 남저가 워칙허다 상대 손을 잡으니께 구녕으루 손가락이 쑥 들어가드랴. 도깨비가 워디 다쳤나벼. 그러니 구녕으루 손가락이 쑥 들어가지. 그 상태루 질바닥에 있는 지랑풀을 잡아당겼댜."

지랑풀은 길가에 나는 길쭉한 잡초다. 남자는 도깨비 구멍에 손가락을 넣은 채로 다른 손은 지랑풀을 가져다 그 구멍에 밀어 넣고 꼭꼭 묶고 새끼를 꼬아서 한 번 더 묶었다. 남자가 날이 밝아 싸운 곳에 가보니 지랑풀로 묶은 자리에 도리깨가 있었다. 도리깨는 깨나 콩을 두드려 터는 농기구다.

"밤새 싸운 게 도리깨 도깨비였지."

남자는 싸움에서 이겼지만, 어떤 도깨비는 사람을 죽이려고 끌고 다니다 늪에 빠지면 사람도 함께 죽는다고들 했다.

그때는 변소에 쌓아둔 짚으로 밑을 닦아서 짚을 쓸어내는 '대 빗자락'이 있었다. 날이 궂으면 대 빗자락이 도깨비가 되어

날아다닌다는 이야기가 많았다. 마을 어른들은 대 빗자락을 절대 그냥 버리지 않고 화장실 주변에서 불로 태워 없앴다.

"아주 빗자락이 거꾸로 쳐들려서 불 켜가마 이리 번쩍 저리 번쩍하마 널러 대녔다. 도깨비 됐응께."

전기 없는 시절 어두컴컴한 밤에 산자락을 날아다니며 사람들을 겁먹게 한 도깨비불은 가로등이 생기고 온 세상이 환해지자 사라졌다.

미워서,
미워서 안 만나

가방에 한글을 새로 배운 할머니들이 쓴 시집을 넣어 왔다. 임순은 절에 갔다 왔다. 하늘색 꽃무늬 블라우스를 입었다. 다섯 시 반, 저녁을 먹고 이야기를 계속한다.

닭 하나 잡을 수야 있간

"늬 할아배가 마음이 약했어. 강하지가 않구, 부드러웠지, 사럼이. 짐승 죽이는 걸 못했다. 할아부지가 잡으면 닭도 죽었다가 다시 살아났어.

그날이 시아부지 생신이라 닭 삶어 먹자구, 전날에 시어무니가 말씀허셨어. 그럼 내가 새북에 먼저 눈 떠서 솥 갖다 물 끓여서 삶어야지. 내가 남편보구 '당신이 닭 좀 잡어' 말하니까 일어나서 말없이 문 열구 나가드라. 닭 잡을라믄 푸드덕푸드덕 날갯짓 소리랑 꼬꼬댁하는 소리가 크게 나야 되는데 안 들려. 남편이 금방 다시 방으로 들어오드만. '잡었슈?' '응. 널감지(끈)로 묶어서 부엌에 났어.'

부엌에 가니까 닭이 없어. 날 밝기 전에 끓여야 하는디 이게 워디루 갔나. 다시 방에 가서 문을 열구 보니까 그이는 종현이 옆에 팔 베고 누워 있드라구, 허. '당신 널감지로 꼭 묶어났나? 닭이 없네.' '그냥 두룩두룩 감았지.' '아이구! 닭을 제대로 안 죽였구먼.' 닭이라는 건 모가지 살짝만 잡어두 눈 감고 기절한 척한다. 그러다 놔주면 또 빠그르르 살아나. 그런 놈을 널감지로 둘둘 감기만 해서 놨으니 그새 몸 흔들어서 나갔지. 살아서 워디루 갔는지 날도 다 안 새서 찾을 수도 없구. 에이, 죽었다 살았으니 워쩔 수 없는 일이다. 나두 그냥 방에 들어가서 애기 옆에 누워서 잤지. 아침에 일어나서 밥하러 나가마 내가 냄편헌테 그랬지. '당신이 잡은 닭 살어서 워디루 도망갔어.' 그이가 듣고는 허허 웃어. 잘 웃었다고 허잖디. '아이구, 난 다 죽은 줄 알었네.'

모가지 좀 잡는다고 눈 감은 게 죽은 거 같어 보였나 봐. 힘줘서 비틀질 않았으니 그게 그냥 한번 안아보고 풀어준 거지, 참. 시어무니가 그 얘기 듣고 '그 애가 닭 하나 잡을 수야 있간. 그걸 또 원제 잡나. 오래 살게 놔둬라.' 나중에 뒤란 가니까 거기 그 닭이 혼자 떨어져서 풀숲에 돌아대니구 있더먼. '아이, 그 닭 저기가 있네.' 내가 말하니까 눈을 꿈쩍거리마 나보고 '끼요오오오오오' 그러드라구. 나 여기 있지롱, 나 살어 있지 하는 식으루. 걔가, 참, 닭도 다 정신이 있구, 사람 알아본다. 나만 보믄 끼요오오오오, 내가 자기 죽일라구 했다구. 놀리는 거지. 걔는 오래 살었다.

돼지를 키워두, 소를 키워두, 늬 할아배는 새끼 낳고 피 나오고 허는 것도 무섭다고 하면서 보지를 못했어. 새끼 낳는 그

—

애려운 일을, 사람이 봐줘야 짐승두 힘내서 낳으니께 남편보고 좀 잘 지켜보라구 말헐라치면 없어! 소는 아프다구 우는 소리 허는데 이 사람이 워디루 갔나, 나만 발 동동거리마 챙기고 들여다보고 했지.

짐승들은, 소나 돼지나 다 알드라. 돼지는 새끼 낳으믄 발굽도 지가 다 안쪽으로 밀어넣으마 걸어. 혹시나 새끼 대칠까봐. 내가 가믄 울음소리두 달라. 평소처럼 엉엉 우는 게 아니라 어헉어헉 하마 챙겨달라구 울어.

어헉어헉(자리에서 일어나 새끼를 발등으로 밀어내는 몸짓), 컹컹, 크응, 컹! 푸르르르. 커컹!(사람에게 새끼를 맡기는 몸짓) 그때 막내로 난 새끼가 발굽에 닿아서 배가 쭉 찢어져서 피 나고 그랬다. 죽을 중 알었어, 몸집두 작구 다쳐서. 걔는 암놈이라 우들이 마지막까지 넴겨놓고 키웠네.

아주 돼지가 새끼 열 마리는 나니께 저들끼리 밟고 낑낑대고 싸우고 그러믄 엄마가 어헉어헉, 크흐응, 꺼엉 하면서 혼냈다. 누가 그렇게 부산 피느냐구, 허허. 새끼 낳으믄 워떤 짐승이든 샅추리(사타구니)부텀 핥어주더라. 다 거기부텀 핥어. 말 못해두 다 알구 태어나는 게, 참, 여간 숭악헌 게 아니드라. 난 그런 거 하나 몰르구 종현이 낳았네."

우리 애들은 곱게 키웠지

"종현이가 저이 아빠 닮아 무진장 이뻤다. 눈은 반짝반짝하구 얼굴이 반듯혀서, 사람들이 보믄 다 서울 애긴 줄 알었어. 느이 아부지가 사랑 많이 받고 컸다. 내가 옷도 잘 입히고, 소매에 콧물 자국 하나 안 남고, 홍역도 자연스럽게 앓았어. 예방 주사 이런 게 없으니께 홍역 걸린 애들 있으믄 가서 홍역 묻혀 갖구 일부러 걸리고 그랬지. 홍역을 묻혀서 앓으믄 겁나게 아퍼. 잘못허믄 죽구. 그런 애들은 아주 코허구 눈곱허구 범벅이 되갖구 보기두 싫었다. 냄새나구, 드럽구. 우리 애들은 그런 거 하나 없이 아주 곱게 키웠지. 동네서두 소문나게 착하고 이쁜 애들이었다. 종현이 한 일고여덟 먹으니까 마을에 전기 들어오구, 냉장고 생기구, 테레비 같은 것두 사서 살기 좀 편해졌지.

둘째 종규 낳고도 등잔불 켜고 살았응게, 전기가 꽤 늦게 들어왔어. 종규는……아이구, 입덧이 원천 심했다. 열 달 동안 밥을 못 먹었어. 못 먹는 병 걸려서 아주 고생혔지. 근데 낳아 보니까 애기가 아주 너부적허니 번득번득 살쪘대. 배도 안 나오고 먹두 못했는디 워째 그리 탐스럽게 낳아졌는지. 동네 할무니들이 오노 보고서, 아이구 애가 털퍼적허니 뽀얗게 살쪘으니 이쁜 놈 낳았다구 그랬지. 종현이 때는 젖도 귀해서 잘 나오도 않더니, 종규는 그냥 젖이 줄줄 나오마 젖복이 많이 탔드라.

—

벌떡벌떡 먹기두 잘 먹구 탐스러웠어, 걔는.

걔두 집에서 낳았는디 아주 시어무니가 깜짝 놀랐지. 암 것두 몰르구 일허다가 나왔어, 지가 스스로. 집안일 허느라 마 당에 있었는디 아주 기억두 안 나. 몸땡이가 막 비틀어지마 골 반이 뒤틀려서 내 몸이 막 저절로 마루로 튕겨쳐지드라. 뼈가 틀어지구 아푸고. 아픈 정도가 아녀, 기냥 정신이 하얘져서 마 루에 기어가마 방문을 붙잡었지.

아이구 아이구, 이 말만 나와. 막 몸을 비틀어가마 문짝까 지 튕겨쳐서 갔어, 내가. 느낌이 미끈덩허니 이상혀. '아이구 어 무니, 나 똥 눈 거 같어. 워칙혀. 잔뜩 나왔나 봐. 워칙혀.' 시어 무니가 나 살펴보드니 그래. '아이, 빌어먹을 년. 야, 넌 속옷두 안 벗구 있었구나.'

3월이구, 나야 애기 나올 줄 알었나. 다 입구 살지. 시어무 니가 속옷을 벳기니께 애기가 쑥 나왔댜! 시어무니가 깜짝 놀 라갖구 애기 안으마 '아이구 놀라라. 우리 애기 고개 부러질 뻔 했네' 그러시드먼, 허허.

종규는 늦게 나서 좀 울었지. 봐주는 사람이 없어서. 나두 농사일허구 빨래하러 멀리 나가구, 시동상들 다 커서 자기 할 일 하러 다니니께. 빨래 끝내고 돌아오믄 잠 깬 애를 누가 들 여다보는 사람이 없어서 울었나 봐. 애기 뺨에 눈물 자국 말러 있구. 내가 걔를 울렸지. 종현이는 아주 땅바닥에 발도 안 대고

왼쪽부터 종현, 임순, 종규, 달웅

컸다. 이 사럼 잠댕이(허리) 저 사럼 잠댕이 옮겨다니마. 고모들이 이뻐하구, 작은시아배(윤기)가 종현이랑 열두 살 차이 나. 어렸지. 윤기 걔가 어릴 때는 느이 아빠 이쁘다구 아주 업구 다녔다. 종현이는 겨울에 고모들이 업구 대니구, 여름엔 윤기가 업구, 그렇게 식구들 잠댕이에서 안겨가마 살었지.

어느 날 월산리 사는 김 선생네 딸이 버스를 타고 오다 여덟아홉 살 무렵 종현이를 봤댜. 일본식 조끼에 바바리코트 입은 모습을 보고 김 선생네 딸이 '시상에, 애기가 워쩜 그렇게 깔끔하고 이쁜가. 얘, 너 워디서 사니?' 물으니까 '저 아래서 살으요' 그랬다. 김 선생네 딸이 집에 와 엄마에게 말하니 이 동네에는 그렇게 깔끔한 애가 없다. 그런데 또 버스에서 김 선생네 딸이 종현을 보고 '너 워디서 사니?' 물었다. 종현이도 '저 아래서 살으요' 똑같이 답하고. 김 선생네 딸이 버스를 타고 가다 세 번째로 종현이를 보고 '얘, 너 아부지 이름이 뭐다니?' 물으니께 종현이도 '제 아부지 이름은요, 김, 달, 웅이에요' 그러믄서 또랑또랑 답했댜.

참, 윤기가 종현이 아기 때는 운다구, 밤이면 식구들 다 자는디 아기가 울어 싸서 나 혼저 일어나 젖 물리구 달래구 있으면 벽을 쾅쾅 차. 시끄럽다구. 그 소리 들으면 아주 깜짝깜짝 놀라서 내가, 으으, 애는 울고, 저기선 성질 콱콱 부리마 내가 워칙 헌다니. 울지 마, 아가, 울지 마. 내가 흔든다구 멈춰지지두 않구. 아이구, 그 밤에, 그래두 애기 크고는 이쁘다구 그렇게 업구 다녔으니, 참."

삽교에서 시작한 새로운 삶

임순은 서른한 살에 종규를 낳았다. 둘째가 자라면서 임순은 자식을 더 낳고 싶은 마음이 들었다. 시동생들이 차례차례 시집을 가면서 집안일이 줄었고, 두 아들도 착하게 크고 있었다. 경제적, 시간적 여유가 있어 좋은 시기라고 생각했다. 대를 이어야 한다고 조급하게 아이를 낳아 아이 혼자 크는 일 없이 예쁘게 잘 키울 듯했다. 서른다섯 살 임순은 셋째를 임신했다. 임신 5개월째 집안일을 하던 임순은 배가 아프다고 하다가 아기를 쏟았다.

"고추 달렸는디 아깝드라."

시어머니는 아기를 살펴보더니 말했다. 이듬해에 임순은 다시 아기를 가졌다. 이번에는 정말 조심해서 예쁜 아기를 낳겠노라고, 딸이면 좋겠다고 생각했다. 병원은 가지 않았다. 시부모 수발하면서 문제도 없는데 예방 차원으로 병원까지 오가는 일을 유난으로 여겼다. 5개월 뒤 다시 배가 아팠다.

"미리 병원이가 누워 있었으믄 워땠을랑가 몰르지. 걔는

—

전의 애보덤 더 오래 품었어. 돌아대니다 또 집이서 어린애 쏟
았지. 애는 쏟았는디, 태가 나오질 않어서 병원 갔어. 시어무니
는 보드니 걔두 아들일러랴. 그러니 딸은 못 낳은 거지. 그저
외로워. 내가 딸이 없구 혼저 남은 아들두 그저 물가에 내놓은
것같이 마음 쓰이구."

태반이 나오지 않아 큰 도시에 있는 산부인과 전문 병원에
갔다. 그곳 의사는 임순 몸이 뭔가 잘못된 듯하다며 수술을
했다. 임순은 그 뒤로 아기를 가질 수 없었다. 서른여섯 살이었
다. 두 아들이 자란 뒤에도 양육 노동은 이어졌다. 1979년 달
웅의 둘째 남동생 만기가 세상을 떠난 까닭이었다.

미워서, 미워서 안 만나

만기가 세상을 떠날 때 임순은 삽교읍에 있었다. 서른일곱 살
에 월산리를 떠나 삽교읍으로 이사했다. 달웅은 보일러 가게
를 차렸다. 농사일과 시부모 수발에서 벗어나 둘만의 시간을
보낼 수 있었다. 교통이 좋고 사람들이 많은 삽교읍은 월산리
보다 훨씬 큰 동네였다. 보고 듣는 것도 더 많았다. 아이들은
깨끗하고 착했고, 부부 사이는 부드러웠다. 화목한 가정이었
다. 임순은 한글을 조금씩 읽기 시작했고, 일을 시도했다. 혼자

시장에 나가 곤달걀(보신란)을 파는 좌판을 시작했다. 그렇지만 남자들이 계속 집적거려 장사를 접었다.

삽교읍에서 임순은 소꿉친구 현시를 다시 만났다. 현시는 근처 도시에서 경찰로 일하고 있었다. 현시는 스물아홉 살에 결혼했고, 월산리에서 멀지 않은 마을에서 아내를 맞았다. 임순네 식구가 삽교에 산다는 소식을 듣고 찾아왔다. 달웅이 문을 열고 나가 현시를 맞이했다.

"임순이 어려서 아래우로 자주 오가마 살았는데요, 여기 산다길래 들어와봤슈."

달웅과 현시는 서로 반가워하며 인사하고 앉아 이야기를 나눴다. 임순은 고개도 못 들고 그냥 서 있었다. 얼마 지나지 않아 임순네 식구가 다시 월산리로 돌아가는 바람에 그 만남이 마지막이었다.

만기는 상이군인이었다. 휴전선 인근에서 군사 훈련을 하다가 다리 하나를 잃었다. 목발을 짚고 다녔다.

"세 사람이 지뢰인지 포탄인지를 밟아서 둘은 죽고 만기만 살아서 다리 절단났다대. 몸이 성치 않으니께 마을에 워디 가난한 집서 딸을 시집보내주더먼. 만기가 나라서 받는 월급이 있으니께, 그거 받구 시부모 봉양하마 평범하게 살라구. 만기 아내도 쬐그마니 얼굴은 괜찮은데 다리를 절더먼."

만기의 아내를 미숙이라고 하자. 가명이다. 결혼할 때 만

—

기는 스물일곱, 미숙은 스무 살이었다. 만기와 미숙은 월산리에 가까운 읍내로 이사해 문방구를 차렸다. 7년 결혼 생활 동안 미숙은 딸 넷을 낳았다. 만기는 병으로 죽었다. 첫째가 일곱 살이었다. 그다음 해에 미숙은 첫째를 학교에 입학시키고 남편의 첫 제사를 지냈다. 정월 대보름이 지날 무렵 미숙은 아이 넷을 두고 돌아오지 않았다. 소식을 들은 임순의 시아버지가 만기네 집을 찾아가니 애들이 울고 있었다. '옴마 워디 갔냐?' 물으니 '맛있는 거 사갖고 온다 허드니 안 와요' 했다.

이웃들은 결국 임순 부부가 아이들을 돌보게 될 테니 월산리보다는 교육에 좋은 큰 도시에 집을 얻어주라고 했다. 임순의 시어머니는 절대 안 된다며 반대했다. 자기가 전부 키운다며 손녀 넷을 월산리로 데리고 왔다. 여덟 살부터 갓난아기까지 어린아이 넷과 노인이 있는 집안 살림을 예순 다 된 시어머니가 감당할 수는 없었다.

결국 임순과 달웅은 보일러 가게를 접고 월산리로 돌아갔다. 달웅은 다시 농사와 염전 일로, 임순은 육아와 가사 노동으로 돌아갔다. 조카들은 차례차례 커서 시집을 갔다. 달웅이 조카들 일자리를 얻어줬으며, 손을 잡고 식장을 걸었다.

임순은 얼마 전 미숙이 딸들에게 돌아온 소식을 들었다. 임순이 여든이니 미숙도 노년에 접어들었다. 조카딸들이 임순을 자주 찾아오지 않아 자세한 내력은 알 수 없지만, 둘째 조

마흔네 살 임순과 조카, 1985년 6월, 월산리

카딸은 미숙을 만나지 않는다고 했다. 임순은 이유를 물었다. 둘째 조카딸은 쌍둥이를 낳고서 미숙을 생각했다. 몸이 약해 서울 큰 병원에 갔는데, 쌍둥이 중 한 아이만 데려갈 수 있었다. 자식을 안고 있는데도 다른 자식이 마음에 걸려 밤새 잘수가 없었다. 물거품 같은 아이들을 두고 영영 돌아오지 않은 엄마를 받아들일 수 없었다.

"미워서, 나는 미워서 안 만나."

만기는 월산리에 묻혔다. 10년 뒤 화장해 국립대전현충원으로 이장하고 비석을 세웠다.

임순은 삽교읍에서 3년을 지내고 예순 살까지 월산리에 살았다. 그사이 조카딸 네 명을 여의고, 시아버지가 세상을 떠나고, 두 아들이 결혼했다. 4년간 열 식구가 한집에서 복닥거리며 살던 임순과 달웅은 마흔네 살에 시집 바로 아래에 있는 집으로 분가했다. 땅을 몇 마지기 사고 염전도 넓히면서 형편이 많이 나아졌다. 아랫집에 살며 종종 시아버지에게 뱀술을 얻어먹은 폐병 걸린 남자가 죽은 뒤 임순네가 그 집을 샀다.

아이들과 조카딸이 꽤 자란 뒤 임순은 낮에는 농사일을 하고 밤에는 갯벌을 다니며 차곡차곡 돈을 모았다. 몸집이 작고 힘이 세지 않다며 달웅은 말렸다. 임순은 혼자 밤 조개를 캤다. 둑 가까운 곳은 낮에 사람들이 다 캐가니 임순은 더 멀리 나갔다. 낙지를 잡으려고 파놓은 구덩이라도 밟으면 옆구리

달웅과 종규

까지 쑥 빠져서 나올 수가 없었다. 휘청휘청 발을 디디며 자루를 끌고 다니다가도 밤물이 슬슬 들어오면 겁이 나 어서 걸어나와야 했다. 밤에 갯벌을 다니는 일은 위험했다. 제때 나오지 못하면 죽기도 했다. 열네 살 여자아이가 죽어 사람들이 시체를 끌고 나오기도 했다.

"건넛마을 시체가 바닷물 따라 우리 갯벌까지 오기두 허구, 우리 시체가 저 마을로 가버리기두 하구, 죽은 사럼 떠대니는 거 보믄 아주 무셔."

이웃들은 임순네를 부잣집이라고 불렀다. 남들보다 먼저 세탁기를 샀고, 텔레비전을 들였다. 동네 사람들은 텔레비전을 보러 문간이 닳도록 임순네 집을 찾았고, 밤늦도록 가지 않았다. 달웅이나 임순이나 냉정하게 거절하는 성격이 아니어서 더욱 그랬다. 추석에는 김일 선수가 하는 레슬링을 보느라 임순도 텔레비전 앞에 앉았다.

"김일이가 한 대 때리구 맞구 허믄, 나두 몰르게 궁딩이가 들썩들썩 뒤루 가서 문턱 앞까지 가졌드라구, 허허. 집에 테레비 없는 애들은 그거 밖에 담 너머에서 훔쳐보다 뜨란으로 들어오고, 뜨란에서 마루로 올라오고, 아주 문턱까지 와서 들여다보드라. 그러마 담 뒤에다 똥오줌 눠놓구. 아이구, 치우느라구 욕봤다."

아들들이 자랄 때만 해도 알콩달콩 화목한 가정이었다.

임순이 상을 차리면, 종현이 상을 들어 마루로 날랐고, 종규가 마루를 닦았고, 달웅이 식전 기도를 올렸다. 달웅은 무교이지만 양식에 감사하는 기도는 잊지 않았다. 종현은 아침 일찍 일어나 달리기를 했고, 집 안 뜨란에서 혼자 잽을 날리며 한시도 가만히 있지 않았다.

종규는 어려서 잔병치레가 잦았다. 자라면서 운동보다 다른 일을 좋아했다. 마이클 잭슨에 빠져서 화장실 갈 때는 문워킹으로 걸었고, 밥상에 앉을 때도 춤을 추며 앉았다.

"춤추는 거 좋아하는 건 아부지 닮았나벼. 나나 종현이는 그렇게 살랑살랑 움직이는 거 못했다."

혜성을 보려던 종규

언젠가 종현이 해준 이야기다. 내가 가장 좋아하는 작은아버지 이야기이기도 하다. 종규가 열네 살 때 천체 망원경이 갖고 싶었다. 몇 달 동안 용돈을 한 푼 두 푼 모아 망원경을 샀다. 몇 십만 원이나 하는 비싼 물건이었다. 덤으로 텐트와 보온병 등 자질구레한 물건까지 잔뜩 받아왔다. 종현과 사촌들은 놀랐다. 안 팔리는 물건을 전부 몇 십만 원에 넘겼다고. 종현은 검고 길쭉한 원통 하나 사겠다고 몇 달을 끙끙댄 동생을 이해

—

할 수 없었다. 망원경을 들여다봐도 딱히 뭐가 보이지 않았다. 식구들이 놀리거나 말거나 종규는 씩씩거리며 혼자 마당에 텐트를 치고 앉아 망원경을 조립하고 조율했다. 종현은 말했다.

"하여튼 하늘 보는 걸 좋아했어."

그해 겨울, 대단한 혜성인지 유성우인지가 온다는 소식으로 시끄러웠다. 임순네는 그런 소식에 관심이 없었다. 혜성은 오밤중에 온다는데 찬바람 부는 겨울 밤하늘에 무엇이 떨어지든 뭐가 중요하랴. 시골 사람들에게는 따뜻한 구들장이 중요했다. 종규만 신이 나서 여름 내내 마당에서 쓰던 텐트를 다시 꺼냈다. 다락에 넣어둔 천체 망원경도 꺼내 조립했다. 임순과 종현은 어이가 없어 말렸다.

"이 추운 날에 텐트에서 자겠다니 말도 안 돼."

달웅도 나서서 말렸지만, 종규는 고집을 꺾지 않았다. 다음날 새벽에 오줌 누러 일어난 종현이 문밖으로 나왔다. 밤새 서리가 내려서 세상이 하얗게 덮여 있었다. 텐트도 천체 망원경도 그대로 있었다. 종규만 어디로 갔는지 보이지 않았다. 종현이 종규를 찾고 있는데 종규가 대문을 열고 들어왔다. 밤새 뭘 했는지 뺨이 발갛게 얼어 있었다. 종현이 어디 갔다 오느냐고 물으니 밖에 좀 다녀왔다고 답했다.

"너 봤냐?"

"뭘?"

종현과 종규

"혜성."

종규는 대답하지 않고 집 안으로 들어갔다. 이야기가 끝나자 궁금해서 종현에게 물었다.

"작은아버지가 그걸 봤을까요?"

"모르지. 망원경이 처음부터 불량이었다니까. 말을 안 해줘서 이제 그건 영영 내 동생의 비밀이야."

종규가 열네 살인 1986년 헬리 혜성이 지구의 밤하늘을 지나갔다. 76년 주기로 태양을 스쳐 지나는 헬리 혜성은 역사 기록에 늘 등장하지만, 일생에 한 번 보기 어렵다. 종규는 그해 겨울밤 헬리 혜성을 만나고 싶었나 보다.

느이 엄마 며느리 삼으니 모든 게 글러지드라고

1988년 임순의 시아버지가 여든한 살로 세상을 떠났다. 사람을 알아보지 못하고 자기가 있는 곳을 헷갈려 하더니 이내 자리에 누워 않다 숨을 거뒀다. 그때는 몰랐지만 지금 생각하면 시아버지도 치매였나 싶다. 달웅과 두 아들이 조문객을 맞았다. 사람들은 남편과 자식 모두 어쩌면 저렇게 훤칠하고 곱냐며 임순에게 부럽다고 말했다.

좋은 시절이었다. 달웅은 오토바이를 사서 임순을 뒤에

태우고 이곳저곳을 다녔다. 마을 친목회에서 제주도와 부산을 다녀오고, 설악산도 올랐다. 임순은 여행을 좋아하지 않았지만, 돗자리 깔고 모여 앉아 도란도란 음식을 나눠 먹는 일이 좋았다.

배다른 시이모가 점쟁이였다. 똑똑하고 말도 잘해서 동네 사람들이 집에 많이 드나들었다. 굿하고 점 보고 수양아들도 많이 맺어줬다.

"시이모가 성정이 쌀쌀맞어 쉽게 말 걸 수가 없었지. 워느 날 내 손을 가져가서 손금을 보드니 '아이구, 자네 복을 많이 가졌네' 그랬다. 9월 생이구, 밤 열두 시 가깝게 낳아서 밥 굶을 일 없다고 부모님두 그랬지. 내가 시집가면서부텀 시집 식구들이 땅도 사고 재산이 점점 늘어나마 나를 이뻐헸지. '종현 아배는 복 월마 없다. 자네가 많이 가졌지. 크게 자수성가하는 운이니 시아부지 재산 받으믄 운이 사라지고 집안이 좋지 않다.' 시이모가 헌 말을 대수롭지 않게 듣고 넘겼다. 시아부지 돌아가시고 염전이랑 땅도 그대로 남편이 물려받고. 이제 보니 맞는 말이야. 유산 받고 느이 엄마 며느리 삼으니, 음, 모든 게 글러지드라고."

임순은 입맛을 다시며 도희에게 서운함을 토로했다. 여덟 번이나 반복한 이야기라 일어나 베란다를 내다본다. 누군가 푸른 논밭에 농약을 치고 있다.

—

"벼가 많이 자랐네요."

"그 땅을 가져갔으믄 애비 빚이라도 갚아야, 이, 뭐라구?"

"저번보다 논에 벼가 길어진 거 같아요."

"인제 벼이삭 나올 때 됐응게. 벼두 두 살 먹었을 거다. 한 살, 두 살, 세 살 먹으믄 이삭 나오노."

"벼에 나이가 있어요?"

"이, 초복이 되믄 벼가 한 살 먹는다. 한 살 먹으믄 마디가 이만큼 나와(임순은 손가락 검지 한 마디를 보여준다). 두 살 먹으믄 마디가 또 고만큼 나오지. 세 살 먹으믄 마디가 세 마디가 돼서 길게 늘어져. 세 살부텀 벼가 이삭 배 갖고 조금씩 여물지. 세상 만물이 그렇게 다 자라나는 이치가 있는 법이다."

종현은 예산군에 있는 공주대학교에서 임순의 며느리 도희를 만났다.

"느이 아부지는 대학 안 간다 그렸어. 자기는 장남이니까 대학 안 가구 농사짓구 살 거라 혔어. 촌이라 대학 안 가는 사람두 많았다. 방위로 군대 가구, 막내 고모가 일자리 얻어줘서 서울로 갔었지. 서울 가니까 대학 나온 사람이랑 안 나온 사람이랑 대우에 칭하(차이)가 있었나 봐. 시험 봐서 대학 간다 허드라구. 그 뒤루 예산에 있는 대학에 합격혀서 갔다. 냄편이랑 내가 가까운 디서 핵교 대니라구 셋집 얻어줬지. 다음해인가 원제 이 사람이랑 결혼할 거라구 데리고 오드라."

그 사람이 내 엄마인 도희다. 종현이 스물여섯, 도희가 스물네 살이던 1993년 겨울, 두 사람은 결혼했다.

"어렸어. 늬 엄마가. 대학도 대니구 책상물림 하다 어려서 시집온 사램, 내 딸이라 생각허구 자식이라 생각하마 대했다. 난 시부모 봉양허느라 느무 심들게, 쉴 틈 없이 살어서 첫 메느리는 냄편이랑 편허게, 저들 식구끼리 웃어가마 살라구 집도 해줬다. 넘들은 메느리 시집에서 한 5년 붙여놓으마 가르쳐서 내보내야지 먼저 살림 내주믄 안 된다구 말렸어두 다 내줬어. 편케 살으라구. 그게 내 죄다. 내 죄."

임순은 모든 게 며느리를 편히 살게 해준 자신의 죄라며 부처님의 참회업장과 업장소멸을 되뇐다. 눈을 감으며 두 손을 비빈다. 누군가 자기처럼 힘들게 살지 않기를 바란 마음이 어떻게 죄가 될 수 있을까? 임순은 여러 번 참회 기도를 하면서 며느리 버릇을 잘못 들인 후회를 내비쳤다.

임순에게 좋은 며느리란 남편과 시집에 헌신하고 자기 의지도 욕망도 내보이지 않는, 돌봄과 희생이 삶의 목표인 여자였다. 도희가 그런 여자이기를 바라는 마음을 드러낼 때마다 불편했다. 나는 도희가 그런 인생을 살기 바라지 않았다. 누가 내 엄마에게 그렇게 살라고 말하는 일도 원하지 않았다. 말하지 않고 참고 산 세월의 고통을 알면서도 다음 세대 여성에게 여자로 태어난 죄라며 같은 무게와 고통을 대물림하려는 임순을

—

보면 뜨악했다. 이해를 못하지는 않지만 받아들일 수 없었다.

임순이 고집스럽게 붙잡고 있는 구습의 망령이 싫었다. 자기가 겪은 고통을 다른 사람도 겪기를 바라는 임순의 마음은 전혀 사랑이 아니라고 생각했다. 이런 순간이면 임순에게 향하던 내 마음은 차갑게 식어서 사랑의 정반대 감정으로 오그라들었다. 그럴 때면 한때 임순 주변에 머물다가 더는 찾아오지 않는 여자들을 생각했다. 며느리, 손녀, 조카딸, 동서.

내 속에 있는 말 한 줄도 못 쓰고 가는 게 한이다

"할머니, 제가 책 가져왔어요."

"책? 무슨 책."

임순이 기도를 멈추고 나를 본다.

"시집. 할머니들이 쓴 시집이요. 같이 읽어봐요."

가방에서 책을 꺼내 임순에게 보여준다.

"허어, 글 안 읽은 지 몇 년 됐다. 나."

"제가 옆에서 알려드릴 거니까 읽어봐요. 어렵지 않아요."

임순이 멋쩍은 듯 허허 웃는다. 의자에서 일어나 빨간 돋보기안경을 꺼내고 낮은 탁자를 거실 한가운데로 가져온다.

"흐음, 보고, 시푼, 당신, 에게."

임순이 책 표지를 소리 내 읽고 책장을 넘긴다.

"김, 김, 생, 엽. 이게 숫자냐."

"네, 숫자에요. 이 시를 쓴 사람의 나이에요."

"칠십, 오 세, 많이 먹었구먼. 부, 부산, 광, 역, 시. 부산 사는 할매가 썼다는 거냐. 허, 참."

임순의 글 읽기 실력은 예상보다 훨씬 뛰어났다. 겹받침이 여러 개 있는 글자가 아니면 스스로 읽을 수 있었다. 첫 글자와 끝 글자만으로 단어를 유추해 내용을 짐작하는 독학자의 언어 습득 방식이 느껴졌지만, 임순은 상당히 유려하고 또박또박하게 책을 읽었다.

"내, 속을, 누가, 아까. 한, 평생, 술로, 애를, 매……이게 뭔 글자냐?"

"겨요. 매겨."

"술로, 애를 매겨. 내 속이, 까맣게, 타, 타, 타부, 럿, 다. 나는, 회사에서, 한글, 을, 몰랐, 을, 때. 누가, 전화가, 와, 서 사장님이, 박, 옥, 남, 씨. 이거, 메, 모 좀, 해, 줘. 하믄, 가슴이, 두, 근, 두, 근. 하, 면서, 느, 무, 심들었, 다.* 글 몰르먼 심들다. 애렵구."

"할머니 어쩜 이렇게 잘 읽으세요."

* 김광자 외 86명, 《보고 싶은 당신에게》, 한빛비즈, 2016.

—

"허허, 내가 글을 아주 몰르는 건 아니다. 젊어서 살아가마 호기심두 있구 허니께 이 글자는 이 발음, 저 글자는 저 발음 하마 조금씩 외워서 읽어보기두 했다. 근디 누가 가르쳐주질 않으니께 몰르는 글자는 평생 몰라! 본 글자만 뜨문뜨문 읽지. 배움이 늘지두 않구. 읽는 건 어느 정두 혀두 쓰지는 못혀."

"한 번도 배운 적 없어요? 정말 잘하세요."

"아무도 나 글 안 가르쳐줬어. 절 책 읽는 거 들으마 내가 안 거지. 으이그! 할아부지가 한 번이라도 글 몰른다고 핀잔주고 업수이 봤으믄 내가 더 나가 배우려고 했을지도 몰르지. 그이가 그런 말 한 번을 안 했다. 그저 감싸주구, 자기가 대신 해주구. 조카딸들은 내게다 '에이! 큰옴마는 글도 몰르는디' 그래서, 그 말을 듣고 내가 눈물도 지었다. 시어무니가 그거 듣고 갸들을 불러다 아주 눈물 쏙 빠지게 혼내더먼. '늬 그게 헐 소리냐' 허믄서 겁나게 혼냈어.

있는 게 티비라 자막 보구 읽어볼라 해두 한 글자 읽으믄 금세 화면 지나가구. 참, 내가 몰르는 탓이라 해두 공부헐 수도 없던구먼. 테레비에 불교대학 나온 사람 보믄, 나두 저런 디 가서 부처님 뜻 제대로 배와보구 싶지. 한평생 내 마음이 죄진 것만 같다. 부끄럽구, 부처님 앞에 내 속에 있는 말 한 줄도 못 쓰고 가는 게 한이다. 눈 감으먼 까먹어서 쓰들 못혀."

"할머니, 글 쓰고 싶으세요?"

종현과 임순, 종현의 대학 졸업식

"하고 싶은디 못 써."

"연습하면 쓸 수 있어. 제가 다음에 글쓰기 책 갖고 올게요. 혼자서 이만큼 글 읽는 것도 익혔으면 글 쓰는 것도 할 수 있어요."

"다 늙어서, 아이구 나 겁난다."

"불교대학 가야지. 겁내면 안 돼. 용기를 가져요, 할머니."

임순이 크게 웃는다. 한동안 우리는 계속 웃는다.

"아이, 우리 어디까지 읽었냐."

"여기 45쪽까지. 자, 계속합시다."

임순은 소리 내 책을 읽는다.

종현과 대화하다

종현은 올해 쉰네 살이다. 스물여섯 살 때부터 여러 직업과 여러 지역을 전전했다. 얼마 전 태안에 있는 공공 기관에 무기계약직으로 취직했다. 종현이 얻은 일자리 중 가장 안정적이다.

종현은 2년 전에 태안으로 이사했다. 임순 집에서 차로 15분 정도 떨어진 단독 주택이다. 종현은 가까운 곳으로 이사한 사실을 임순에게 숨기고 있다. 임순이 자기에게 신경쓰는 일이 싫다고 한다. 가슴속에 앙금이 남아서 임순을 자주 보고 싶지 않기 때문이었다. 종현이 말하지 말라고 해서 임순에게 말하지 않았다. 종현은 혼자 산다. 낮에는 직장에 가고 밤에는 밭농사를 하며 부지런히 움직인다.

임순을 만난 날이면 종현의 집에 가서 시간을 보냈다. 식탁에 마주앉아 우럭회를 먹었다.

"할머니랑 할아버지는 안 싸우셨다면서요?"

종현이 입을 떡 벌리며 나를 쳐다본다.

"누가 그래?"

"할머니가요."

"무슨, 말 같지도 않은 소리를. 난 어려서 두 사람 싸우는 거 보면서, 남자랑 여자가 그렇게 싸우는 거 처음 봤네."

너무 놀라서 먹다 말고 젓가락을 내려놓았다.

"그런 얘기는 하나도 없었는데, 뭘 갖고 어떻게 싸웠어요?"

"그냥 술 먹었네 안 먹었네, 아주 성한 날이 없었다. 언제는 집에 안 들어오더라구. 며칠 안 왔어. 나 초등학교 땐가. 엄마 어디 갔냐고 아빠한테 물어보니까 서울 갔다고 하대. 아빠가 밥해서 먹었지. 둘이 싸우다가 아부지가 참다 참다 '에이, 씨' 하고 양은 대야를 마당에 던져서 찌그러진 거, 엄마가 아직도 갖고 쓰더구만. 가서 물어봐라. 그거 왜 찌그러졌냐고."

종현이 실실 웃다가 고개를 내젓는다.

"늬 할머니도, 되돌아보면 우울증이었나 봐. 방에 불 끄고

—

혼자 벽 보고 누워서 일어나질 못하시더라고. 울면서. 너라면 그 시집살이를 하는데 우울증 없이 살 수 있겠냐. 방 세 칸짜리 콩알만 한 집에 시집 식구가 열한 명이었다. 물 길어 오지, 밥하지, 눈치보지, 애 키우지. 딸이 있기를 하나, 말 나눌 친구가 있기를 하나. 식구라곤 시꺼먼 남자들밖에 없으니 할머니 속 얘기를 누가 들어줘. 아무도 안 듣지. 그런 곳에서 사는 건 전쟁이라고 할 수 있지. 어지간한 사람이면 진즉에 도망갔을 것을, 엄마만 그 세월을 도망 안 가고 살았다."

"그래도 할아버지가 할머니를 많이 아끼신 것 같아요."

"응, 아버지밖에 없었다. 네 할머니 마음 여려서 힘든 거 알아주는 사람. 근데 안다고 뭘 해줄 수 있나. 나가서 일해야지. 아버지야 돈 버느라 늘 밖에서 일한 걸. 삽교에서 보일러 가게를 차려도 아버지가 자리 비우면 엄마가 손님 맞아야 하는데, 가격표를 읽을 수 있나 상표를 읽을 수 있나. 그러니 늘 주눅 들어서 어디 나가지도 않고 집에만 있었지."

"할머니가 글을 엄청 잘 읽으세요. 놀랐어요."

"지금은 읽으실 줄 알지. 아버지가 가르쳐줬으니까."

"할머니는 아무도 가르쳐주지 않고 자기가 혼자 깨우쳤다고 했는데."

"나 초등학생 때, 삽교 살 때까지는 엄마가 한 글자도 못 읽는 까막눈이었어. 교회 나가기 시작하더니 어느 날부터 더듬

더듬 성경에 찬송가를 읽더라고. 전혀 모르는 사람이 어떻게 갑자기 글을 읽냐. 아버지가 밤에 앉혀놓고 알려준 거겠지."

"할머니가 당신은 한 번도 교회 다닌 적 없다고 했는데."

"무슨, 이웃집 여자가 불러서 주말이면 성경 안고 다녔다. 나중에서야 부처 믿었지."

"아빠가 보셨어요? 할아버지가 할머니 가르쳐드리는 거."

"못 봤어. 아버지가 가르쳐준 게 아니면, 한 글자도 모르는 사람이 어떻게 혼자 글을 읽어. 당연히 그렇겠지."

"인터뷰를 하다 보면, 이야기가 전부 나오지 않은 느낌이에요. 뭔가 더 있을 것 같아. 가장 속에 있는 이야기는 할머니가 말해주지 않아요. 아니면 내가 못 보는지도 모르고. 그 속을 들여다보는 건 내 몫이 아니라는 생각도 들고."

"그걸 쉽게 드러내는 사람이면 그 세월을 어떻게 버텼겠니. 그건 누구나 있지. 나한테도, 나은이 너한테도 있지?"

"있어요."

"사람에게는 각자 다 그런 게 있어서 가슴속에 넣고 사는 거야."

"아빠는 할머니한테 잘하지 않잖아요."

"잘 안 하지."

"왜요?"

"넌 할머니가 지금보다 젊을 때 어땠는지 몰라. 아무것도

—

미워서, 미워서 안 만나

할 수가 없었어. 늘 하지 마라, 그만둬라. 돈 한 푼이 없어서 찾아갔을 때도 점쟁이가 너는 쉰이 넘어서 재산을 가져야 한다고 했다면서 절대 안 된다고, 아주 대쪽같이 냉정했어. 나를 인정하지 않았어. 내 생각을 믿고 응원해준 적도 없었고. 엄마가 아니었다면 나도 지금하고 다르게 살았겠지.

엄마 땅도 나한테 말도 없이 은수네 넘겨줬잖아. 남은 자식은 나 하나뿐인데. 준 게 잘못됐다는 게 아니야. 줘야지. 그런데 나한테 한마디 상의도 없이 엄마 마음대로 결정했다면 다른 일도 알아서 하셔야지. 찾아갈 이유도 없고, 나 혼자 빚에 쪼들리면서 허덕거리면서 살면 돼."

종현은 냉장고에서 단호박 찜을 꺼냈다. 도마에 단호박 찜을 올려놓고 식칼로 잘랐다.

"지금까지 내 인생을 생각하면, 매 순간 눈앞에 칼끝이 놓여 있었어. (미간에 식칼 끝을 조준하며) 이렇게. 나은이 네가 예전에 한 말대로, 너희 둘을 태우고 부러진 노를 죽어라 저어서 망망대해를 건너왔지."

"할머니 이야기를 어디까지 써야 할지 고민이네요."

"그냥 쓰면 되지, 뭘 고민해."

"지저분한 것도 다?"

"원래 인생은 다 지저분한 거야. 전부 써. 내가 말하잖아. 전부 다 쓰고, 그게 책 속에서 알아서 자라나게 둬."

— 20대 종현 —

"글이 무슨 파 농사 짓는 것도 아니고."

종현은 혼자 사는 지금이 가장 행복하다고 말했다. 나는 그 말을 들어 기쁘다고 말했다. 임순이 하는 종현 빚 타령에 속이 부대낀다고 하자 종현은 무슨 말인지 알겠다는 듯 고개를 끄덕였다. 임순이 내게 무엇을 바라건 나와 종현 사이에는 이미 무언의 합의가 있었다. 종현은 더는 나를 지원할 수 없고, 나도 종현을 책임질 수 없다. 인정이나 마음이 없는 탓이 아니라 경제적으로 서로 뒷받침할 수 없기 때문이다. 종현은 자식을 성년까지 키우면서 빚을 많이 졌다. 나는 서울에서 학자금 대출과 아르바이트, 월세에 치어 살았다.

아무것 없어도 혼자 사는 지금이 행복하다고 말할 때면 지난 세월 가정을 지키느라 종현이 무엇을 포기하고 자기를 얼마나 부스러트린지가 떠올랐다. 종현도 도희도 내가 자라는 내내 한시도 일을 쉬지 않았다. 그 사실은 대단하다기보다는 두려웠다. 한 가정이 겪어야 할 끝없는 상호 착취, 집이라는 문 안쪽에 네 명이 모여 있으려면 외면하고 참아야 하는 고통 때문이었다. 임순은 효도라는 명목과 부채감을 빌미로 가족이라는 굴레를 이어가기를 바랐다. 내가 그런 바람을 오래 참아낸 까닭은 임순의 생각이 환상일 뿐이라는 사실을 잘 알기 때문이었다. 불안정한 고용 환경과 경제난, 각자도생의 신자유주의 시대에 점점 쇠약해지는 노동력 말고는 아무 기반이 없는 가족

구성원들이 다른 가족을 책임지는 일은, 의지를 떠나서 처음부터 불가능했다.

"네 할머니 같은 분도 없어. 나는 가지 않지만, 너는 자주 찾아가."

나는 고개를 끄덕였다.

—

임순은 텔레비전을 보다가 자주 이야기 조각들을 떠올렸다. 죽음과 결혼, 사람들을 다룬 구전 동화를 들으면 재미있고 마음이 편했다. 그중 하나는 물총새 부리에 관한 이야기다. 어느 날 새를 다룬 다큐멘터리 예고편이 나왔다.

"물총새네. 그전이는 저렇게 시퍼런 털 색깔 헌 늪이 나무 같은 데가 앉아 있다 물가로 내려와. 붕어가 걔 보구 깜짝 놀라서 막 튀어 오르믄 그때 물총새가 콰악 붕어를 채서 갖구 저 짝으루 가서 혼저 먹구 다시 뛰어오고 그랬다. 물총새를 보믄서 어무니헌티 물었지. '옴마, 저 물총새는 입이 그렇게 지르게(길게), 뾰족허게 생겼대. 황새 입은 크기만 큰디 물총새는 아주 질구 뾰족혀.' '너 물총새 입이 왜 그리 쭉 나온 중 아니?' '몰르요. 몰르니께 묻지유.'"

그러자 임순 어머니가 이야기를 들려줬다.

옛날 옛적에 땅개비(땅강아지)와 개구리가 있었다. 발도 길고 덩치도 커다란 땅개비가 길을 걸어가는데 개구리가 펄쩍 뛰어 잡아먹었다. 개구리 배때지에 들어간 땅개비는 이제 죽는구나 생각하고 눈을 감았다. 그때 물총새가 달려들어 개구리를 잡아 배를 짝 갈랐다. 덕분에 통으로 뱃속에 넘어간 땅개비가 죽지 않고 다시 나오며 말했다.

"어이구, 쫍은 디서 자느라구, 아주 덥구, 죽을 뻔했네! 죽을 뻔했어."

땅개비 얼굴이 미끈하게 다 벗겨져서 번들번들한 이유는 다 그때 손으로 비벼서 그렇다. 물총새는 개구리 배때지에 있는 놈을 자기가 입으로 배 갈라 살려줬는데 자기가 아니면 죽고 없을 땅개비가 스스로 나와서 산 양 고맙다고 말하지 않아서 '입이 쭈우우욱', 안 그래도 나온 주둥이가 기다랗고 뾰쪽허게 튀어나왔다.

임순이 놀라 물었다.

"옴마, 어디서 봤간?"

"보지는 못허구, 으른들이 말해줬다."

임순은 가만히 생각하니 옛 어른들 말씀이 하나 틀리지 않는 지혜로운 말이라며 다른 이야기를 더 들려줬다.

옛날 옛적에 어떤 아기가 있었다. 아기 엄마가 어느 날 곽란(음식을 먹고 체해 토하고 설사하는 급성 위장염)이 들었다. 마구 토하고 쓰러진 엄마는 방안에서 죽었다. 아기는 엄마가 자기를 돌봐주지 않자 울기 시작했다. 문지방을 붙들고 아기가 우는데 세찬 바람이 불었다. 여닫는 문이 바람에 콱 하고 닫히면서 아기가 손가락을 탁 문틈에 찧었다. 엄마가 안아주고 달래주련만 미동도 없었다.

"허어어어어옴, 허어어어어어옴."

아기는 옹알이하며 손가락을 엄마 입에 갖다 댔다. 손가락에서 흐르는 피가 엄마 입술을 타고 목구멍에 들어가자 엄마가 살아났다.

"그 전에는 약이 없으니께 애들 다친 데를 호오 입으루 불어주구 할미 손이 약손 해가마 쓸어주면서 달랬지. 울다가도 뚝 그쳤어. 그 애기두 엄마가 저한티 많이 해줬나 봐. 제 피를 넣어주니께 그거 넹기구 옴마가 살아난 거 아니냐."

약 없는 시절에는 인정으로 사람이 죽었다 살아나기도 했다. 임순이 하나 더 해준 이야기. 옛날에는 사람들이 자주 죽었다 살아났다. 그래서 사람이 죽어도 바로 염을 꼭꼭 동여매지 않고 사흘을 기다렸다. 운 좋으면 다시 살아나기도 했다. 염하기 전에 살아난 사람은 끈으로 묶은 손목과 발목에 끈 모양대로 피부가 새까맣게 죽은 흉터가 남았다. 날이 추우면 흉터가 진해지고 더 아팠다. 임순보다 더 윗세대 사람들은 심심찮게 그런 일을 겪었다.

"그 할매 죽어서 염해놨는디 장사 지내기 전에 살아나갖구 손목에 시퍼런 숭터가 그렇게 있대."

종규가 종종 집에 와 친구 할머니 이야기를 들려주며 밥을 먹었다.

"으음, 요즘에야 사람 죽으믄 꽝꽝 얼려서 냉동실에 넣구 문 잠그니, 뭐 하나 살 수가 있간. 그전이는 더러 살았댜."

임순은 신기한 듯 자기 손목을 매만졌다.

어무니,
나 효부상 받았슈

종현과 도희의 혼례식

임순이 쉰한 살 되던 해, 종현과 도희가 결혼했다. 4년 뒤 종규와 희진이 결혼했다. 임순은 계속 월산리 시댁 아랫집에 살고 있었다. 달웅도 계속 염전과 농사일을 했다. 두 아들과 조카딸, 어린 식구들이 하나둘 결혼하면서 예식장에 잔치까지 품은 많이 나갔지만, 임순의 집은 한층 여유로워졌다. 노쇠한 시어머니 수발이 임순에게 남은 일이었다.

1994년 임순의 아버지 유병갑이 여든둘에 세상을 떠났다. 노환이었다. 임순의 부모는 임순이 어려서 자란 집을 팔고 서산시 근교 아파트에 살고 있었다.

"그때부텀은 다들 아파트 들어간다구 집 팔구 아파트 사구 허드먼. 우리 아부지야, 얌전허니, 말수도 적구, 넘들이 다 선비라구 불렀어. 느이 엄마는 임신 중이라 안 온대. 그래서 내가 오지 말어라, 내가 먼저 집에 있으라고 연락하려 했다, 그렇게 말했지.

그때 꿈을 꿨다. 월산리 교회 밑 느티나무를 지나 친척 제삿날이어서 일하러 가는 길이었다. 느티나무께를 지나는디 불그스름허구 노르스름헌 젊어 보이는 구렁이가 나를 따라오드라고. 내가 구렁이가 왜 나를 따라오지 하면서 '내 집으로는 들어오지 말어. 저 집(친척 집)으루 가. 저 집이 부자라 제사상두 푸짐하게 차려' 그렇게 말허니께 구렁이가 날 한 번 보드니 그 집으로 들어가드라구.

그걸 보구 나는 달음박질쳐서 느티나무 아래를 다시 지나 갔지. 그 밑에를 보니까 상추가 막 예쁘고 풍성허게 피어 있드 라구. 실퍼덕허게 피어갖구 아주 탐스러워 보이드라. 내가 저 집(친척 집) 식구 볼까 봐 몰래 상추 서너 개를 뽑아서 주머니 에 쏙 넣구 뛰어왔어. 모래밭 앞에 도착해서 주머니에 있는 걸 꺼내 보니께 아주 한 개두 흐트러진 거 없이 좋구 이쁘더라구. 상추가 여자애 꿈이라고 하지. 늙은호박은 남자, 애호박은 딸. 네 언니 낳은 해에는 주머니에 들은 걸 요렇게 살짝 꺼내 봤었 네, 내가.

종현이는 호박 꿈을 꾸었댜. 꿈속에서 아주 큰 산을 올라 갔는데 호박이 잔뜩 있었다. '무슨 호박일레?' 내가 물으니께 그랴. '늙은호박, 애호박, 아주 여러 가지 있대.'"

호박은 경사진 비탈에 열려 있었다. 종현은 지게막대기로 가장 크고 잘 익은 호박을 살살 따서 등에 짊어졌다. 그 호박 을 떨어지지 않게 잘 떠받치며 산길을 내려오는데 멀리 산고랑 에서 수염이 흰 할아버지가 나타나 종현을 바라봤다.

"산신령일레라. 애들은 똑똑허겠구먼', '산에서 딴 호박이 니 애들은 총명허겠어.' 나랑 냄편이랑 종현이랑 아침밥 먹으마 그런 말 했지.'"

시어머니 정년은 딸들을 예뻐할 뿐 며느리 임순은 별로 좋 아하지 않았다. 정년은 거동이 수월할 때는 시집간 딸들 집에

—

자주 가서 마늘을 캐거나 밭을 맸지만, 노환으로 쇠약해져 도움이 필요할 때는 임순에게 왔다. 시어머니 부양은 오로지 임순의 몫이었다.

"할아버지랑 할머니랑 나들이는 안 다니셨어요?"

"난 나가 돌아대니는 건 벨루 안 좋아했다. 시어무니 계시는데 둘만 나가는 것두 눈치 보이구. 냄편 혼자 오토바이 타고 대녔지."

종현은 예산에서 자동차 정비소 직원으로 일하기 시작했고, 도희는 주산 학원 아르바이트를 하다 옷가게를 차렸다. 임순과 달웅이 도와줘 아파트를 샀다. 종규와 희진도 가까운 곳에 살림을 차렸다.

"내가 종규헌티 그랬다. '애비야, 좀더 나이먹구, 돈 모아서 아파트 사믄 안 되냐' 했더니, '아니, 엄마. 지금 아파트 못 사면 앞으로도 못 사요. 값이 자꾸 올라서 살 수가 없슈' 그래. 그런디 이끔 와서 보니께 걔 말이 맞다. 아파트값은 여적지 천장 뚫을 듯 올르니 원."

1998년 가을, 드디어 내가 태어난다. 아이엠에프 외환 위기 이듬해이자 김대중 대통령 임기 첫해인 1998년, 임순은 쉰일곱 살이 됐다. 임순이 밤에 월산리 갯바닥에서 조개를 캐는 동안 차로 한 시간 반 떨어진 곳에서 도희는 보신탕을 먹고 있었다. 옷가게 운영에 임신까지 기운이 하나도 없기 때문이었다.

종현에게 아이엠에프로 타격을 크게 받았냐고 물었다.

"아니. 주 6일 죽어라 일한 기억밖에 안 나. 서울 사는 사람들이나 길바닥에 나 앉지. 여기야 뭐, 잃을 만큼 가진 게 있나."

그렇지만 1998년부터 임순과 달웅, 종현, 종규의 삶은 무척 팍팍하게 흘러갔다. 임순은 밑 빠진 독에 물 붓듯이 아무리 잘하려 해도 자꾸만 돈이 빠져나가더라고 말했다.

종규의 첫아기인 은수가 먼저 태어났다. 조산이었다. 갓난 은수는 대학 병원에 입원했다. 임순은 희진이 입원한 병원에 찾아가 인큐베이터에 들어간 은수를 봤다.

"종규랑 희진이가 그 병원서 메칠을 욕을 보고 헌 디라, 인제 이걸로 병원은 안 올 티지. 생각혔지."

한 달 뒤에 내가 태어난다. 제왕 절개 수술이라 도희는 임순에게 아침 먹고 나면 내가 나온다고 말했다. 그 말을 듣고 잠든 임순은 새벽에 꿈을 꿨다.

"내가 그 월산리 열한 식구 살던 시집에 있는디 뒤뜨란에 가니까 장독이 있었어. 윗부분은 동그란 장독인디 그 윗부분만 살짝 솟아올라 있구, 나머지는 땅 밑에 파묻혀 있드라구. 그걸 내가 가서 요렇게 들여다봤지. 그 속에 웅덩이 같은 맑은 포강(늪)이 있드라구. 거기 속으루 내려갈 수 있는 계단두 있었어. 층계. 그래서 내가 그 층계 속을 쏘옥 들여다보니까 금붕어가 있드라. 빠알간 금붕어. 색색깔 금붕어 다섯 마리가 그 포강

—

어무니, 나 효부상 받았슈

속에서 신난다고 살랑살랑한 꼬리를 이리저리 흔들고 있더먼 (임순이 두 손을 엇갈려 넓은 금붕어 꼬리가 흔들리는 모습을 보여준다). 이렇게 이렇게 여러 마리가 그냥 월마나 좋은지 흔들어대드라. '시상에, 위째 붕어가 여기에 있다? 금붕어가?' 내가 그 말 허니께 탁 꿈에서 깼다."

나는 낳자마자 호흡 곤란 때문에 대학 병원으로 옮겨졌다. 종현은 직장에 있고, 임순이 보호자로 응급차에 동승했다.

"아이, 이내 낳은 놈을, 또 무신 큰 병원으루 간다구. 삐용삐용차에 간호사랑 나랑 탔는디, 너는 코에 호흡긴지 뭔지 대고 있구. 애 죽는 중 알었다. 내가 애기 안고 있으니께 간호사가 그랴. '어머니, 애 이리 주요.' '숨, 숨은 쉬쥬?' 내가 물어두 대답 않구 애 받아가는디, 아이, 이 애기가 물거품 아니냐. 갓 낳았는디. 가슴이 벌렁벌렁해서 정신이 하나 없드라."

대학 병원 의사들이 나를 데려간 동안 임순은 뭘 해야 할지 몰라 의자에 앉아 기다렸다. 인큐베이터에 있는 은수를 보러 병원에 온 종규와 희진이 임순을 보고 놀랐다. 두 사람은 임순에게 국밥을 사줬다. 종현이 뒤늦게 헐떡거리며 병원으로 왔다. 나는 은수가 있는 인큐베이터실에 들어갔다.

손주 셋이 태어났다. 임순은 한동안 내 언니 해인을 맡아 키웠다. 해인은 월산리에서 돌잔치를 했다.

임순과 달웅의 삶도 다른 국면으로 접어든다. 달웅은 염전을 팔았다. 소금이 잘 나오지도 않고 유지하는 데 품도 많이 들었다. 염전 땅은 배다른 친척의 땅하고 맞물려 있었다. 그 사람은 자기 땅까지 함께 팔았다며 소송을 걸었다. 달웅은 무척 속앓이를 했다. 재판은 몇 년 동안 이어졌다.

염전을 판 달웅은 아파트 경비 일을 시작했다. 예순 살이 었다. 오토바이를 타고 서산까지 매일 오갔다. 시어머니는 임순이 쉰여덟 살 때 치매가 시작돼 점점 심해졌다. 한때 자주 찾아와 어머니를 들여다보던 시누이들도 발길이 뜸해졌다. 종현과 도희가 아이들을 데리고 추석을 쇠러 찾아온 날, 종현은 천안 근처에 새로 얻은 아파트가 우리 식구 모두 살 수 있을 정도로 크다고 말했다. 시어머니는 두 사람 차를 타고 천안으로 갔다. 임순이 몇 번 데리러 가도 손주들하고 살겠다며 고집을 부렸다. 임순은 화가 났다.

"애들 다 돈 벌러나가믄 집에 혼저 있을 텐디, 할매 그거 후회 않구 혼저 스스로 시늉할 각오 있음 여기서 사슈. 나는 인제 데리러 안 올 거시요. 증말 마지막이유."

시어머니는 임순을 따라나섰다. 달웅은 그사이 오토바이를 타고 출근하다 교통사고가 났다. 상대방 과실로 일어난 사고인데도 굳이 책임을 묻지 않고 이불 속에 오글오글 드러누워 있었다.

"시어무니가 아파트 좋다구 손주네서 오지두 않구 있으니

—

께, 할아부지가 아파트에 가야겄다 허구 새 아파트를 알아봤
나벼. 그래서 월산리 집을 팔아 서산 아파트로 간 거다."

　임순은 정년이 고집을 부린 탓에 서산에 가게 됐다지만,
사실 앞뒤 관계를 따져보면 마냥 그렇다고 볼 수도 없다. 달웅
은 염전을 팔아서 소송을 당했다. 서산으로 경비 일을 다니기
시작했고, 정년이 돌아오자마자 월산리 집을 팔고 떠났다. 염
전을 판 순간부터 달웅은 고향을 떠날 마음을 먹은지도 모른
다. 서산 이사는 임순이 삶에서 가장 후회하는 일이다.

　"그 쌍노무 (월산리) 집만 안 팔렸으믄 서산 안 갔지. 근디
모든 게 잘못될라니까 팔리더라구. 내가 점 보러 갔었다. 점장
이가 이사를 가두 예순시 살에 가야지 그 전에 이사 가믄 아주
안 된다구, 모든 게 글러진다구 말리더라. 집 옮기는 건 대사라
날을 잘 개려서 가야 헌다구. 근디 냄편이 집 돈 줘서 얻어났다
구, 나두 집 얻어서 나갈 거라구 말허니 이사해라 했지."

　소송을 건 상대방 집이 지척에 보이는 마을에 질려버렸을
테다. 달웅은 예순한 살에 월산리를 떠나 서산으로 간다. 떠나
기 전 달웅은 가지고 있던 문서를 없앴다. 이미 판 땅과 월산리
집 건물이 맞물린 채 팔아버린 땅문서, 등기부등본 등을 끈으
로 묶어 논밭에 놓고 불을 붙였다. 임순은 달웅에게 줄 도시
락을 들고나오면서 이룽이룽 타오르는 불을 봤다.

　"당신이 문서 모아놓은 거 워쨋슈?"

임순이 다가가 물었다.

"인저는 소용없으니께 불 놨지."

거기에 땅이 맞물려 있지만 집은 허물지 않고 유지하겠다
는 매입자의 증서가 포함되어 있었다. 나중에 매입자는 등기부
등본을 말소하고 집을 허물었다. 달웅은 항의하고 싶었지만,
기억만 있을 뿐 물적 증거가 없었다.

"그러니 그이가 그때부텀 마음을 잘못 먹었나 봐."

임순은 삽교읍에서 산 3년을 빼면 31년을 월산리에서 살
았다. 친정보다 더 오랜 세월을 보낸 곳이다. 서산시에서 시어
머니는 치매가 손쓸 수 없을 만큼 심해졌다. 임순은 아무데도
갈 수 없었다. 자식들은 분가하고 월산리를 떠나면서 농사도
더는 짓지 않게 되지만 치매 시어머니를 돌보는 고된 노동이 기
다리고 있었다.

"시어무니가 7년 아팠다. 일흔일곱이 돼서 팔십닛이 됐으
니 7년이지. 치매 오노 갖고 그렇게 똥을 막 기저귀다 싸두 손
으루 놓구 입으루 손가락 찍찍찍 빨어먹구. 똥 냄새가 원천 독
했다. 똥을 손으루 꺼내서 문들게다 눙갱이 뭉치듯 혀서 내놓
으믄 냄새가 월마나, 아주……아이구……그래 갖구 닦자 허
믄 말이나 잘 듣나. 내가, 미워했다. 씨벌 것, 딸들이 데려가마
귀염 주구, 옷 사 주구 하마 살 때는 나를 이뻐도 안 허드만 죽
을병이 들리니까 내게로 오노. 날 아무데도 못 가게 헌다구. 그

—

이뻐하던 딸들이 오무니 똥싸구 냄새나니께 기저귀 한 개를 사오길 하나, 들여다보기를 하나. 미워했다. 할 거 다 해주면서도 미워했어. 그려서, 쪼금 뭐라구, 글른 말 몇 번 헌 적 있어. 어무니만 나스먼은 나두 워디 놀러두 대니구 허겄구먼 어무니 땜이 가두 뭇허구 똥 빨래만 허구, 이렇게두 했어. 그런 게 서운해서 그런지 뭔지 돌아가시구 이내 꿈에 뵈구 안 좋드라구. 어휴, 무셔워라. 인제는 잘 안 뵈여. 시어무니 인제 뭐 워디 좋은 디루 가셨나."

증조할머니 방에서 나던 쿰쿰한 냄새를 기억한다. 증조할머니 얼굴은 떠오르지 않는다. 어두컴컴한 방에 조그만 주황색 조명 하나만 켜놓은 채 누워 있었다. 늙고 냄새나는 증조할머니를 손주들은 피하거나 무서워했다.

"시어무니가 그, 똥을 월마나 서산 아파트서 쌌는지 물러. 너두 냄새나는 거 알을겨. 은수가 어려서 그랬어. 얼굴 닦구 나서 무슨 수건으로 닦드니 인상 팍 쓰마 던져버리드라구. '왜 그러니?' '어히, 증조할무니 냄새나는 거 같아요.' 내가 우연허믄 수건 추접허게 안 썼어. 그려서 내가 내 방서 수건 꺼내다 '이눔으로 더 닦어' 하구 주니께, 은수 걔가 얼굴에 비비마 그려. '아이, 아이, 좋다.', '그 수건에서 냄새 안 나니?', '아이, 향기로운 내가 좋아요.' 그게 잊어버려지지가 않는다. 허허."

은수가 태어나고 4년 뒤인 2002년에 진송이 태어났다. 딸

이었다. 다들 진송으로 부르는 동안 종규는 샛별이라 부르며
딸을 안고 다녔다.

"진송이 갸는 증조할무니 방에 안 갔어. 가두 발꿈치를 살
살 들고 걸어가 문틈 사이로 눈만 빼꼼 들여다봤다니께. 무셔
워서, 허허."

종현과 종규는 자식이 둘이 되면서 살림이 커졌다. 버는
돈은 똑같았다. 두 사람은 함께 고깃집을 하다가 얼마 안 돼
접었고, 종규는 외식업체 주방장으로 취직했다. 종현은 경기도
성남시 분당구로 이사했다. 개발 준비가 한창이던 분당에서 집
을 살 여력은 없어서 전셋집을 얻었다. 도희는 아이들은 무조
건 수도권에서 키운다는 목표를 세웠다.

종현은 우체국 배달부로 일했다. 하루 열 시간 일하고 한
달에 두 번 쉬었다. 속옷까지 땀에 절어 들어가면 정규직들은
에어컨 아래에 다리를 뻗고 있는 장면으로 분당을 기억한다.

"내가 빤스 절어가며 일해서 정규직을 에어컨 틀어줬다."

종현이 휴일에 찾아가면 종규는 어린 진송을 배 위에 올려
놓은 채 지친 모습으로 누워 있었다. 수척해진 동생이 가슴 아
팠지만 자기 모습도 별반 다르지 않았다.

노동하지 않는 사람은 없었다. 두 아들의 가정은 모두 맞
벌이였고, 임순은 치매 노인을 24시간 간호했으며, 달웅은 경
비 일을 다녔다. 달웅은 재판에서 변호사를 쓰지 않고 스스로

—

변호했다. 판사에게 보여주려고 며칠 동안 방문을 닫고 손수 쓴 글이 사과 상자로 하나가 나올 만큼 많았다. 월산리에서는 상대방이 사람들을 불러 달옹에게 불리한 증언을 부탁하고 있다는 소식이 들렸다. 재판 과정에서 돈이 많이 들었고, 달옹의 속앓이도 심했다.

둘도 없이 바르고 착한 며느리

임순이 효부상을 받았다. 월산리 사람들은 임순을 보면 효부상을 받아야 한다고 칭찬했다. 둘도 없이 바르고 착한 며느리라고 말이다. 서산시장 이름이 들어간 효부상을 받았다. 시상식은 마을회관에서 열렸다. 예순으로 접어든 임순이 받은 상패와 시계는 임순이 결혼해서 서른다섯 해 동안 온갖 돌봄 노동을 한 대가였다.

그 세월 동안 어린 고모와 작은 시아배들, 두 아들, 조카딸 넷을 양육해 소비자이자 국민으로 살아가는 젊은 노동력을 만들어냈다. 노쇠해 사회에서 밀려난 시아버지를 수발했고, 이제는 치매를 앓는 시어머니를 몇 년째 24시간 돌보고 있었다. 여성에게 속박일 뿐인 '효부'라는 단어를 강요하는 사회적 압력이 아니라면 누가 이런 고강도 장시간, 아니 시간이라고 부를 수도 없는 오랜 세월에 걸친 노동을 감내할까.

"그때 효부상은 별 사람 다 줬다. 아주 뿌렸어."

이전 시대 여성들이 온 생애에 걸쳐 수행하던 돌봄 노동에 국가는 효부상을 줬다. 상패와 손목시계는 무급 노동으로 유지된 한국 사회를 생각하면 터무니없이 적다. 임순은 좋은 옷을 입고 시상식에 참석했다. 허울뿐인 상패라도 임순의 삶과 노동에 그 정도 허울조차 보여주지 않는 세상이었다.

"냄편이 더 좋아했지. 내가 상 탔다니께 '당신이, 나보덤 낫네. 상두 받구' 그렇게 말하마 좋아했다. 난 원래 상 타러 안 갈라구 혔어. 시어무니두 돌봐야 허구, 난 상 받을 만큼 좋은 일한 게 없어서 못 간다구, 전화로 이장헌티 말했지. 그래두 오라고 허길래 종현이헌티 전화해봤지. '애비야, 안 간다구는 했는디 웬만허믄 올 수 있나. 나두 외로워.' '예.' 그르케 대답허드니 종현이는 안 왔다. 종규는 고모들헌티두 연락허라고 허구, 온다구 허드라."

임순은 결혼식 때 입던 고운 한복을 꺼내 입고 시상식에 참석했다. 종규와 희진은 아이들을 데리고 왔다. 시누, 작은동서도 임순을 보러 왔다. 서산시장이 악수를 하고 상패와 손목시계를 건넸다.

"거기 가니께 적응도 안 되구, 잘 몰르겠드라. 아무 말두 안 혔어. 물어보지두 않구. 멍청이마냥. 시장도 나 보믄서, 저

—

어무니, 나 효부상 받았슈

할매 멍청스러워 인사두 못 받아먹네, 그런 생각 혔겠지."

임순이 상패를 들고 집에 오니 온 집안이 똥 천지였다. 똥을 한가득 싼 정년이 임순을 찾아 돌아다닌 모양이었다. 임순은 그 광경을 보고 눈을 꼭 감았다.

"어무니, 나 효부상 받았슈."

"허이구! 우리 애미 효부상 받았네! 아이구 아이구, 우리 애미가 효부상 받았네!"

정년은 숨이 넘어갈 듯 소리를 내지르며 임순의 두 손목을 꼭 붙잡았다. 상을 건네주니 먹으려 했다.

"그렇게 눈물을 떨어피마 나 효부상 받았다구 내 손목 잡어주대. 그 상패랑 시상식 사진이, 있었는디 없어졌어. 이사 갈 때 종현이가 갖구 갔다. 내가 언제 한번 갖다달라고 하니까, 아무리 찾아도 없다 하드라. 없어졌다구. 늬 엄마가 다 갖다버렸겠지. 불 놔서 태웠겠지."

나는 시상식 사진을 본 적이 없다. 집에 있는 모든 앨범과 사진 더미를 찾아도 나오지 않았다. 임순이 한 말대로 여러 번 이사하다가 사라진 듯했다. 사실 몇 천 장 되는 사진 더미 속에서 임순이 나온 사진은 손에 꼽을 만큼 적었다.

"그때 논도 샀다. 월산리에 땅 괜찮은 게 경매루 나왔다구. 나랑 냄편은 그거 살 만큼 돈이 없었어. 종현이 보고 얘기했다. 땅 괜찮은 게 나왔으니 너두 하나 사놓으라구. 걔는 신경두 안 쓰더면. 냄편이 이번엔 종규헌티 말했지. 땅 좋은 거 나왔으니 하나 사는 게 워떠냐구. 종규는 땅 보러 왔지. 사고 싶어허드라. 걔두 돈이 워딨니. 나랑 냄편이 돈을 좀 대구, 종규는 대출을 받어서 땅을 샀다. 명의는 내 명의루 해놨어. 나이가 어린데 땅 명의가 있으믄 나중에 골치 아플 수 있다구. 그려서 그 논이 내 명의였다. 내 땅이 아녀. 처음부터 아녔어. 종규네가 대출 받어서 잔금 다 치룬 땅이다!

그런데 늬 어매가 나한테 전화 걸어서, 그 땅 명의를 넘겨줬다구, 이 집에서 나가고 월산리 선산에 얼씬도 말라고, 그런 독헌 말을 내뱉을 수가 있나. 내가, '그건 줘야 할 땅이께 줬다' 말허니께, '여전히 말은 잘하시네!' 하더라. 걔랑 종현이가 이혼한 지가 10년이구, 이 집안 사람도 아니다. 자기가 눈독 들인 땅 넘겨줬다고 난데없이 전화해 욕을 박구 가니, 나 울었다. 억울해서……. 그건 종규 땅이야. 종규가 그 논 사고 한 해도 안 돼서 죽었어. 논에 벼 이삭 맺힌 것두 못 보구 갔다. 너 그 많은 돈을 가져가놓고도 그것까지 탐낼 수가 있느냐. 내 눈에 피눈물이 난다…….

어제는 이 아래층 집에 애기들이 왔나 봐. 손주들 데리고 왔나. 애기들 목소리가 들리드라구. 내가 베란다로 슬쩍 내려다봤지. 남자애 두 명이서 놀고 있드라. 워째 우리 종현이, 종규 어릴 때랑 똑같다……. 여덟 살, 네 살 정도 같어. 나이 칭하

—

도 비슷하게 난 거 같데. 뽀얗고 이쁘니 우리 애들 클 때가 생각나드라. 둘이 사이도 원체 좋았어. 다투는 일 없이 도란도란 얘기허구, 아주 좋다구 뒹굴어가마 웃고. 베란다에서 그 애들을 보고 있으니 내 마음이, 울적해지드라. 우리 애들이랑 똑같네 생각하는 내 마음이, 울적했어.

종규는 상장도 많이 받았지. 요리하는 데서 일했는데, 상장도 다섯 개인가 받았어. 회사에서, 일 잘헌다구. 그래두 회사 들어가니께, 대학 나온 걸루 좀 칭하가 있었나벼. 종규는 대학 안 나왔지. 종현이는 갔어두. 은수 낳고 나서두 공부허겠다구 '아부지, 대학 가야 허겠슈' 그래. 냄편이 말했지. '그러믄 돈이 들긴 헐 틴디, 그래두 치뤄나가는 건 할 수 있을 테니 해봐. 나두 너 대학 보내주고 싶다.'

종규가 집에서 공부헌다구 노력 많이 혔다. 꿈도 많았다. 하고 싶은 것두 많고, 해야 할 것두 많은 애였지. 회사에서 외국 보내준다고, 가기도 자주 갔어. 중국도 가고 싱가폴도 갔다. 종규가 싱가폴 갔다 오드니 '옴마, 싱가폴이 제일 좋대! 야중에 엄마, 아부지, 식구 다 데리구 싱가폴 갈겨. 오래 살으요, 내가 다 데리구 갈 테니께' 그래.

그다음 해 죽었다. 싱가폴 갈 때, 여비가 부족허다구, 돈 좀 달라 그래서 15만 원 줬어. 적게 줬지. 희진이가 있구, 걔가 어련히 주겠거니 생각했다. 돌아오믄 더 줄 일이 있겠지, 그때

줘야지. 그냥 줄걸, 아끼지 말구 줬어야 허는디, 그게 내 마음에 남아서, 아프다…… 그 애들이 뛰노는 거 보니 생각이 나서, 잊고 살았는디……네게다 말을 하네.

　너 서너 살에 늬 엄마가 나한테 너를 맡기구 갔다. 아직 월산리 살 때였지. 일해야 한다구 널 두고 갔는디, 아주 엄마헌티 간다구 울고불고 난리 피워 싸서 심들었어. 늬 고집이 원천 셌다. 별수 없이 내가 잠댕이에 업구 대녔지. 그런디 수돗가 앞에 서 있는디 늬가 갑자기 '물고기 뜨는 거다' 하믄서 수돗가 대야를 가리켜. '물고기 뜨는 거 나 줘, 줘.' '뭐가 물고기 뜨는 거간. 그런 거 안 보인다.' '저거, 저거.' 내가 내려놓으니께 막 가서 그걸 집드라. 얼갱이 글갱이, 뭐냐 하면, 뜰채다. 국수 삶거나 냄비에서 물만 걸러내야 할 때 쓰는 거름망. 그걸 착 들고 '이건 물고기 뜨는 거야! 옴마랑 시장서 봤어' 그러드라. 난 몰랐어. 무신 저런 걸루 물고기를 뜬다나. 난 집에서두 바빠서 나가 돌아대니질 않았으니께. 냄편이 장 봐오는 걸루 음식 했으니 본 것두 없지.

　야중에 냄편 와서 물으니께 시장서는 저런 걸루 물고기 떠서 준다 허드라. '나은이 말이 맞구먼 그려.' 늬 할아배가 그러커마 널 쳐다보니까 내 잠댕이 뒤에 퍽 엎어져서 아무 말두 않드라. 니가, 나보덤 세상을 많이 알드라. 허허…… . 야중에 시장 가보니까 증말 늬 말대로 얼갱이 글갱이로 물고기 떠서 주

—

대. 그려서 내가, '늬가 나보덤 낫다. 차암 나보덤 낫네' 그랬다.

손이 미끄러. 예전 같지 않다. 늙으믄 눈썹도 짐이라드니 으른들 그 말씀이 꼭 맞어. 밥맛은 없어두 몸은 무겁구, 으음……느무 오래 살었지."

여보, 심장 내가 준다고 해

잠시 망설이다 임순에게 작은아버지 종규가 어쩌다 돌아가셨느냐고 물었다. 아직 눈가에 눈물이 맺혀 있는 임순은 지쳐 보이지만 지금이 아니면 자세한 이야기를 들을 수 없을 듯했다.

"급하게 갔다. 순식간에. 아퍼서. 회사에서, 계단 올라가려믄 숨이 가쁘더랴. 가뻐서 숨 못 쉬겠더랴. 냄편 생일이 음력 유월 초이튿날이지. 그때 종규 오노서 밥 먹구 갔다. 한 달 뒤에 희진이가 밤에 울마 전화허드라. '애미야, 무슨 일 있간.' '그이가 병원에 갔어요. 병원에 갔는데, 병이 심상치 않대요.' '그럴 리 없다. 엊그제 와서 멀쩡히 밥 먹구 간 애가 무신 병이 있냐.' '심각하대요, 어머니.'"

임순과 달웅은 그다음 날 바로 병원에 갔다. 대학 병원이었다. 종규는 코에 투명한 산소 호흡기 줄을 끼고 있었다. 얼굴은 창백했다.

"그거 안하믄 안 돼?"

"이게 없음 숨을 못 쉬어, 옴마, 가뻐서."

종규의 병이 이미 심각해 의사는 심장 이식을 해야 한다고 말했다. 기증자는 나타나지 않았다.

"내가 줄게. 내 꺼 가져가. 여보, 심장 내가 준다구 해."

"그거 떼내믄 당신도 죽어."

"상관없어. 나 죽어두 돼. 더 살구 싶지 않어. 종규 살려줘. 근데 내가 아무리 말해도 그거를 허락을 안 해줘."

하루를 그 병원에 있던 종규는 더 큰 병원으로 옮겨갔고, 임순은 다시 집으로 왔다. 시어머니가 집에 혼자 있어 오래 비울 수 없었다. 얼마 지나지 않아 달웅에게 전화가 왔다.

"여보, 그 애가 엄마를 찾어. 어제부텀 엄마 찾어. 내일 아침 일찍 와. 인제 종규 못 살어."

임순은 작은동서 차를 타고 새벽 일찍 병원에 갔다.

"가니께 몸에 뭐가 잔뜩 달려 있어. '종규야, 종규야. 옴마 왔다.'"

임순이 다가가자 종규가 눈을 한 번 떴다 감았다.

"'힘내구, 용기 내서, 눈 뜨고 나 좀 봐봐. 종규야. 옴마 봐봐.' 내가 그렇게 말하마 그 애 얼굴을 계속 쓰다듬었다. 옆에서 간호사가 틀렸다구, 마음먹은 거 있걸랑 귀에 말해주라고 허드라. 마음먹은 거…… 아무 생각두 안 나. 하나두 안 나. 그

—

어무니, 나 효부상 받았슈

저 훌쩍훌쩍 울었다. 그 애 얼굴을 안구서, (눈을 감고, 허공에서 볼을 맞댄 아들의 얼굴을 계속 쓰다듬는다) 내가 이렇게 빌었다……이, 아이고, 어으…….”

종규는 2003년 서른세 살 나이에 급성 심근 경색으로 사망한다. 법원은 과로 때문에 발생한 산재로 인정했다. 과로사였다. 종규가 숨을 거둘 때까지 달웅은 내내 병원에 있었다. 종규는 의식이 있을 때면 아이들이 마음에 걸려 눈을 감을 수 없다고 말했다. 은수가 일곱 살, 진송이 세 살이었다.

“조카 넷 키우느라 어무니 말두 못 허구, 그 고상한 걸 다 봤는디, 또 저 애 둘을 어떻게 또 엄마헌티 맡긴대요. 아부지, 어떡해요.”

달웅은 걱정하지 말라고 종규를 안심시켰지만, 임순에게 그 말을 전하면서 울었다.

금방 추석이 돌아왔다. 희진이 혼자 두 아이를 데리고 와서는 대전으로 이사한다는 소식을 전했다. 임순은 손주들이 멀리 떠나 서운했지만, 며느리를 붙잡을 수도 없었다. 달웅과 임순은 희진에게 아이들을 자기들에게 맡기고 새 출발을 하라고 말했다.

“다 떼어놓을 수 없걸랑 하나일랑 나를 주구 하나를 데리고 가거라.”

“아버지, 어머님. 나는 애들 없이는 살 수 없어요. 남편은

종규, 진송, 은수

죽고 없어도, 죽는 한까지 내 가슴에 안고 키울 거예요."

희진은 말했다. 아이들 없이는 하룻밤도 잘 수가 없다며 울었고, 대전으로 떠났다. 그래도 임순은 마음을 놓지 못했다. 아이들 키우며 살겠다고 말한 만기의 아내도 1년 지나자 금세 도망간 기억이 사라지지 않았다.

달웅과 임순이 대전으로 찾아가니 희진과 아이들은 좁은 집에서 살고 있었다. 철부지 아이들 데리고 외벌이로 바듯이 살아가는 모습에 임순은 속이 상했다. 희진은 두 사람에게 편지를 썼다.

"내용을 보니께, 저는 시집 안 간다구, 은수, 진송이 내 손으로 키우마 자라게 할 거라구 썼드라. 나는 애들 없이 하루도 못 살으요. 그이 대출금도 다, 워치게라두 꿰나갈 테니께, 어머님, 아버님께 손주 둘이 있고, 며느리 있는, 가족으루 생각허구 항상 기도해주시오. 늬 할아버지가 울면서 나헌티 편지를 읽어 줬다."

희진은 매년 잊지 않고 두 아이하고 함께 찾아와 제사를 지낸다. 올해로 은수는 스물네 살, 진송은 스무 살이다.

종규가 죽고 두 달 뒤에 임순의 시어머니 정년이 세상을 떠난다. 여든네 살이었다. 임순네 식구들은 다시 상복을 입었다. 장례식장에서 달웅은 재판에 승소한 사실을 전하는 전화를 받았다. 5년 동안 이어진 소송이 끝이 났다.

"어머니, 나 승소했슈."

영정 사진 앞에 그 말을 뱉고 달웅은 울었다.

—

어무니, 나 효부상 받았슈

옛날 옛적에 삼 형제가 살았다. 어느 날 할아버지가 삼 형제를
불러 물었다.

"너는 앞으로 뭘 하고 살고 싶으냐?"

첫째는 노는 게 좋아서, 그저 먹고 자고 먹고 자고 놀면서
편하게 살고 싶다 답했다. 둘째는 신나는 게 좋아서, 그저 앵그
랑 댕그랑 악기 치고 노는 광대 일 하며 살고 싶다 답했다.

"으음, 그러하느냐."

할아버지는 마지막으로 셋째에게 물었다.

"너는 야중이 커서 무엇이 되고 싶으냐?"

"예, 저는 과거 급제혀서, 백성들을 돕구 인간들이 매 맞지
않는, 고통없이 부드럽게 살 수 있는 세상을 만들고 싶어요."

"그러냐."

할아버지는 수염을 쓸어내렸다. 다음 생에 첫째는 구렁이
가 돼 미끄덩미끄덩 땅바닥을 기어다니게 됐다. 둘째는 까마귀
가 돼 반짝이는 걸 물고 다니며 까악까악 우는 소리를 내는 날
짐승이 됐다. 셋째는 인간으로 태어나 장원 급제해 머리에 깃털
모자를 쓰고 하인들이 앵그랑 댕그랑 뒤에 따르는 큰 정승이
돼 세상을 자비롭게 다스렸다. 그러니 오뉴월에 황소 불알 떨

어지기를 기다리듯 쉽게 살려고 하지 말고, 언제나 부지런하고 착하게 효도하며 공덕을 쌓는 마음으로 살라는, 임순이 전하는 교훈이다.

이번 추석에 임순은 해인을 붙잡고 같은 이야기를 조금 다르게 들려줬다. 해인이 요즘 세상에 쓸 만한 남자는 하나도 없고 귀한 인생을 결혼으로 낭비할 수 없다는 말을 한 탓이다.

"으음, 요즘 세상이 참, 그렇게 나만 알구 살믄 말이다, 옛날에 이야기가 있다. 삼 형제가 있었는디 할아부지가 와서 물었다. 너희는 야중이 커서 무엇을 하고 싶으냐. 첫째는 그저 일하기 싫고 노는 게 좋아서 먹고 자고 먹고 자고 누워 있기만 하고 싶다 했고, 둘째는 앵그랑 댕그랑 광대 일 하러 돌아대니는 게 좋아 나가 신나게 춤추고 싶다 했고, 셋째는 과거 급제해 백성들을 구제하고 배곯지 않는 세상을 만들기 위해 노력하고 싶다 했다. 시간이 흘러 삼 형제가 자라 결혼하고 각자 살림을 차렸다."

첫째는 게으르고 누워 있기만 좋아하니 돈을 모을 수도 없고 매일이 쪼들렸다. 첫째의 아내는 혼자 농사일을 하며 살림을 꾸리느라 고생했다. 둘째는 돌아다니며 놀이패에서 춤추고 꽹과리 두드리는 일이나 좋아하니 돈 들어올 구석이 없는 집이었다. 아내는 아기를 업고 시장에 나가 장사를 하며 입에 풀칠을 했다. 둘째 며느리가 장사하고 있는데 먼 곳에서 하인과 말들이 줄줄 들어오며 깃발과 종이 알그랑 달그랑 울렸다. 임금님 행차인가 싶어 둘째 며느리가 고개를 쭉 빼고 구경했다. 비단 도포에 깃털 모자를 쓴 귀인은 바로 셋째 아들이었다.

"아이, 우리 막내 시동상이 워디 가셨나 했더니 정승이 돼 돌아오셨구나."

셋째 아들이 형수를 알아보고 부드럽게 고개 숙여 인사했지만, 둘째 며느리는 초라한 처지와 행색이 부끄럽고 창피할 뿐이었다. 자기가 덕이 많으면 셋째 아들처럼 참하고 부지런한 사람을 만나 부귀영화를 누리련만, 남편을 먼저 이끌어주지 않고 무시하고 미워한 부덕함을 후회하고 반성했다. 그러니 좋은 남자란 언제나 있기 마련이며, 그런 남자를 만나 결혼하는 복을 얻으려면 여자가 먼저 겸손하고 온화한 마음가짐을 가져야 한다는 교훈이다.

해인은 셋째 아들 행차부터 이야기를 전혀 안 듣고 텔레비전을 봐서 이야기 끝은 나만 집중해 들었다. 결론을 이해하기 무척 힘들었다. 임순이 자기 결혼관을 전달하려고 급조한 이야기라 구멍이 숭숭 뚫려 있었다. 임순의 옛이야기가 청자에 따라 조금씩 변형된다는 사실은 흥미로웠다.

사람이 어떻게 살아야 하는지를 전하는 앞 이야기는 부지런하고 성실해야 성공한다는 보편적인 교훈으로 끝마쳤다. 반면 여성으로 살아갈 손주들에게 삶의 교훈을 전달할 때는 뒤 이야기처럼 가부장을 위해 겸손과 체념을 지닌 채 인내하면서 노동하고 봉양하는 일이야말로 미덕이자 의무라는 유교적 가치관을 고수했다.

"저게 무슨 말 같지도 않은 소리야."

해인은 말했다.

여자가 사람이라는 간단한 전제를 두고 생각해보면 낡은 시대의 잔재일 뿐이었다. 이런 이야기는 구성도 허술해 재미가 없을뿐더러 듣는 사람에게 아무런 감흥도 주지 못하고 오히려 반감만 키울 따름이다.

난 안 갈라기여.
당신 혼자 가

다섯째 날, 8월 21일 토요일

"내일이 백중날이여. 나 절에 갔다 와야 허니께 너 내일은 좀 늦게 가라."

"몇 시에 오시는데요?"

"한 시나 넘으믄 오겄지. 요즘은 코로나라구 절에서 점심두 안 줘. 나 오믄 같이 밥 먹구 좀 앉었다 가."

출생, 사망, 출생, 사망

달웅의 첫 기일이 지나 임순은 백중 기도를 올리러 간다. 얼마 전까지 하나에 3만 원 하는 촛불을 켜고 식구들의 복을 기원 했지만, 돈이 부담돼 요즘에는 그만둔 상태다. 임순은 지금까 지 내게 부적과 염주 팔찌를 많이도 줬다. 부적은 오래된 가방 속에 처박혀 있고, 팔찌는 잃어버리거나 머리끈으로 쓰다가 끊 어졌다. 끊어졌다고 하면 임순이 무척이나 심각하게 여겨서 굳 이 말하지 않는다.

우리는 밥상 앞에 마주 앉아 복숭아를 깎아 먹고 있다.

"옛날에 복숭아는 달밤에 먹는 거라 혔어. 그때야 농약이 없으니께 달고 향기 나는 복숭아는 복숭아벌레가 죄다 먼저 먹지. 복숭아 맛있으믄 벌레두 같이 먹는겨. 달밤에 어두울 때 먹어야 암것두 몰르구 좋아라 하구 먹지. 몇 년 전까지는 절에

다 늬 엄마두 올렸어, 촛불을. 복 받으라구. 작년부텀은 인저는 떠난 사럼, 나두 돈 없어서 절에서 이름 내렸다."

복숭아 접시 옆에는 내가 임순의 이야기를 들으며 노트에 대강 적은 연표가 있다. 출생, 사망, 출생, 사망, 사망. 삶은 태어나거나 죽는 일의 연속처럼 보인다. 이야기 흐름은 2003년에 멈췄다. 그해에 임순은 예순 살이었다. 임순보다 먼저 태어나 아직 세상을 떠나지 않은 사람을 발견한다.

"어머니는 언제 돌아가셨어요?"

"14년 전에, 아흔 살에 돌아가셨다. '언능 가야 헐 틴디, 왜 안 죽어진다나.' 울 어무니가 나헌티 그 말 허시구 그랬지. '워칙해유. 살아지는 거. 맘대루 헐 수 있나.' 어무니가 여든 살에 점 보러 갔더니 점쟁이가 아흔 살까지 살 거라구 했댜. '에이, 그냥 허는 말이지, 더 잡숫구 가시요.' 나나 주변 사람들이나 그랬는디, 아흔 살 되는 해 2월에 돌아가셨다. 내가 속으루 거 점쟁이 희한허게 잘 맞췄다 생각했지."

임순 어머니의 이름은 명윤석. 말년에는 서산 인근에서 손자하고 살고 있었다. 임순은 친정에 자주 가지 않아 사정을 잘 알지 못한다. 어느 날 마음도 몸도 느낌이 안 좋던 윤석은 막냇사위 차를 타고 병원에 갔다. 그곳에서 사흘 정도 머무르다 상태가 나쁘지 않아 퇴원하고 다섯째 딸네 집으로 갔다. 자기가 지켜보다가 상황이 안 좋으면 다시 병원으로 데려갈 생각이

—

었다. 임순을 비롯한 딸들은 다 시간이 맞는 이틀 뒤에 함께 어머니를 보러 가자고 전화로 약속했다. 윤석은 전화가 오간 다음날 세상을 떠났다.

"병원이서 봤을 띠는 돌아가실 것 같지두 않데, 정정허니. 그런디 다 같이 보러 갈 날짜두 잡았는디 먼저 가시데."

"생각 많이 나세요?"

"많이 나지. 나두 바쁘다보니께 시어무니 수발하랴 자식들 신경쓰랴, 후회되는 일 많아두 죽어 후회해봐야 아무 소용없다. 냄편이 나한테 그 말두 몇 번 했다. '살아서, 찬물 하나라두 갖다 드리는 거지. 야중에 후회하지 말구 자주 찾아봬어.' '가구 싶어도, 나두 찾아갈 새가 없네.' 내가 그렇게 대답도 했건만, 어무니가 내게 한 말, 내가 못헌 거, 다 생각나두 인제는 뒷북치는 일이다. 헐 수 있을 때 잘해야 허는디, 그때는 그냥 5억 년 살 줄 알구."

임순의 어머니는 2007년 아흔 살로 세상을 떠났다. 임순은 이제 예순네 살이 됐다. 젊은 시절을 함께한 사람이 하나둘 떠나고 달웅과 종현이 남았다. 종현과 도희는 자식 둘을 데리고 여러 집을 전전하며 분투를 이어가고 있었다. 두 사람은 대출을 받아 집을 샀고, 동시에 수도권이라는 더 넓은 곳에서 아이들을 키우겠다는 목표로 월셋집을 얻었으며, 도희 친정 땅에 집을 새로 짓기도 했다.

두 사람은 쉬지 않았다. 전기 기사, 일용직, 설거지, 대리운전으로 노동이 이어졌다. 종현과 도희가 사는 시대는 임순의 30대하고 달랐다. 자식을 키우는 데 많은 돈과 노력이 들었고, 집은 투자 자산이라 늦기 전에 서둘러 더 나은 곳으로 옮겨 가야 했다. 효부상의 도덕은 구식이었고, 임금 노동이야말로 새로운 시대의 굴레였다. 임순은 일해도 일해도 돈이 없어지고 마는 시대를 이해할 수 없었지만, 자식이 애써 열심히 산다는 사실은 알기 때문에 최대한 도와주려 했다.

왜 종현과 도희는 늘 돈이 쪼들렸을까? 한 가지 이유만 떠오른다. 힘에 부친다는 사실을 아는데도 수도권에서 자식들을 키우려 분투한 탓이다. 종현도 도희도 대학 교육을 받은 사람이지만 전문직에 종사할 수 없었고, 이른 나이에 결혼해 생활 전선으로 뛰어들면서 직업 훈련을 할 시간이 없었다. 생활비를 버는 일이 무엇보다 우선이었다. 그렇게 비정규직에서 비정규직으로 이어진 굴레, 저임금 노동을 벗어나지 못했다.

종현과 도희는 노동의 대가가 부족하다는 사실을 모르지 않았다. 단지 벗어날 수 없을 뿐이었다. 당장 내일 보내야 할 월세와 채워야 할 냉장고가 있지 않은가. 월세와 생활비, 교육비, 양육비 등이 가정 경제에 메꿀 수 없는 큰 구멍을 낸다는 사실을 아는데도 '수도권살이'는 추구할 수밖에 없는 욕망이었다. 도희는 말했다.

—

난 안 갈라기여. 당신 혼자 가

"너희는 무슨 일이 있어도 넓은 곳으로 가서 넓게 봐야 해. 엄마는 시골에서 자라서 거기서 산다는 게 너희들을 어떻게 주저앉힐지 알아."

밑 빠진 독에 물 붓듯 임순과 달웅의 돈도 사라졌다. 그 돈은 다 누가 가져갔을까? 종현과 도희가 지출한 주거비, 식비, 노동력처럼 자잘한 돈들이 모여 경제의 일부를 굴러가게 한 사실을 무시할 수 없다. 평생 입에서 단내 나게 일해서 정규직들 먹여 살린다는 종현의 말을 생각한다. 일한 대가의 일부가 늘 자기 통장이 아니라 다른 곳으로 흘러가고, 벌 수 있는 돈보다 더 많은 돈을 갈취하는 사회 구조 속에서 친족으로 만들어진 가정 경제는 종현과 도희가 유통할 수 있는 유일한 자원이자 생존 기반이었다.

빈 몸뚱이로 오라고 할 애들이 아니지

임순은 어느 날 부탁을 받았다. 종현과 도희는 일하느라 밥을 챙겨줄 사람이 없으니 천안 아파트로 와서 나은이를 맡아달라고 했다. 나는 아홉 살이었다. 언니 해인은 분당에 있는 중학교 옆에 살았다. 시어머니 돌아가시고 달웅하고 둘이 지내던 임순은 부탁을 거절할 수 없었다. 달웅은 안 가겠다고 했다.

"싫어. 난 안 갈라기여. 당신 혼자 가."

"그러믄 당신, 남자가 혼자 워칙게 산다나."

"난 안 갈겨. 인제 우들도 여기저기 돌아다니마, 편허게, 재
믔는 거 보구 사세."

달웅은 계속 가고 싶지 않다고 말했다.

"자식이 필요하다 하는 거, 가서 한 5, 6년만 살다 애 어지
간히 커서 중핵교 들어가믄 다시 내려오세."

임순이 달웅을 설득했다. 달웅은 어쩔 수 없이 고개를 끄
덕였다. 종현은 살림살이는 아파트에 전부 다 있으니 몸만 오
면 된다고 했다.

"걔들이 그냥 몸띵이만 오시믄 된다구 그리 말했다."

어차피 돌아올 집, 임순은 살림을 그대로 둔 채 몸만 가려
했다. 그런데 종현이 전부 가져가야 한다며 이삿짐을 쌌다. 이
삿짐은 종현의 처가하고 가까운 집에 내려놓고 임순과 달웅을
천안 아파트로 데려갔다. 도희가 임순을 자기 차에 태우고, 종
현과 달웅은 이삿짐 트럭에 탔다. 중간에 도희와 임순은 칼국
수를 먹었다. 다 먹고 나니 도희가 돈이 없다면서 임순에게 계
산을 부탁했다. 임순이 음식값을 내고 다시 천안으로 향했다.

천안에 도착하니 아파트에는 이미 다른 사람이 전세를 살
고 있었다. 이삿짐 트럭도 도착했다. 도희가 4700만 원을 줘야
아파트 세를 빼줄 수 있으니 돈을 달라고 했다. 서산 아파트를

—

이미 비우고 이삿짐까지 전부 들고 온 상황에서 다른 데 갈 수도 없었다.

"그래. 빈 몸뚱이로 오라고 할 애들이 아니지."

달웅은 속이 상했다. 두 사람은 서산 아파트를 비우면서 받은 4400만 원이 있었다. 4400만 원에 통장에서 뽑은 300만 원을 도희에게 줬다. 달웅은 이사 비용에 짐꾼들 밥값까지 모두 100만 원 정도를 더 썼다. 임순은 그 집에서 몇 달을 살았다. 달웅은 근처에서 새로 경비 일을 얻었다.

겨울이었다. 임순과 내가 귤을 한 상자 갖다놓고 하루에 일고여덟 개씩 먹은 일이 기억난다. 나는 귤을 주무르고 둥글려서 말랑말랑하게 만들면 더 달다고 알려줬다. 아침에는 경비일이 끝나고 집에 오는 할아버지가 나를 학교까지 오토바이로 태워줬다. 30분 넘게 걸려서 늘 지각을 했다. 한 학년이 여덟 명밖에 없는 작은 학교여서 그다지 문제되지는 않았다. 가끔 집에 들른 종현이 귤 먹는 나와 임순을 보고 얼굴이 호박처럼 노랗다며 웃었다. 도희를 만난 기억은 나지 않는다.

"늬 옴마가 나랑 냄편 있으믄 너 등 돌려놓구 못 보게 허구, 뒤돌아서 우리 잘 못 보게 숨겨놓구 허드라구. 너 그 기억 날 거다."

"안 나는데."

철거촌 물 새는 집으로

그해 겨울 눈이 푹푹 내렸다. 임순은 동창회 간다고 나간 도희가 돌아오지 않아 눈이 쌓이는 창밖을 보며 밤잠을 설쳤다. 도희는 새벽녘에 술에 만취해 들어오더니 이내 일해야 한다며 나갔다. 좀 뒤에 달웅이 경비 일을 끝내고 집에 왔다. 눈길에 넘어져 오토바이 전조등이 부서지고 사이드 미러가 깨졌다. 오토바이 고칠 생각에 달웅은 머리가 아팠다. 달웅이 경비 일을 해서 받는 돈이 임순과 달웅 두 식구의 유일한 수입이었다.

　'유리가 깨지는 건 아주 좋지 않은디.' 임순은 깨진 사이드 미러를 보며 속으로 생각했다. 밤늦게 도희가 전화를 걸기 시작했다. 임순이 한 말에 따르면 '마구 퍼붓구, 울구, 소리질르구, 술 잔뜩 먹은 소리루. 내가 밤늦었다구 전화 끊어도 몇 번이구 전화 걸면서 아주 울고 소리 지르마 괴롭혔'다고 한다. 새로운 사람이 들어올 테니 어서 집 비우고 나가라 했다. 두 사람이 천안 아파트로 이사한 지 몇 개월도 되지 않은 때였다. 부동산이 문을 열고 들어오는가 하면 사람들이 시도 때도 없이 집을 보러 오기 시작했다. 낮에는 부동산 사람들에 시달리고 밤에는 도희 전화에 들볶인 두 사람은 그냥 나가고 싶었지만, 돈이 없었다. 이사 당일 남은 4700만 원이 가진 현금의 전부였다.

　"나가라구 말혀두, 셋돈을 주야 나가지."

—

난 안 갈라기여. 당신 혼자 가

마구잡이로 나가라며 '사람 아닌 것 같은 말'을 퍼붓는 도희를 감당할 수 없었다.

　　"숫제 무신 일 나겄다. 이렇게 말허구 살다간 무신 일낼 여자지. 잘못되기 전이 우들이 먼저 나가세."

　　달웅은 집을 알아보러 돌아다녔다. 연고 없는 낯선 지역에서 혼자 보증금 없이 얻을 수 있는 집을 찾기는 어려웠다. 근처 철거 지역은 세가 싸다는 소리를 들은 달웅은 그곳에 월세 10만 원짜리 집을 구했다. 이삿짐 챙길 새도 없이 급하게 나왔다.

　　"3월 그믐날에 그 집 들어갔다. 섣달 정월에 거기 살던 할매 죽어서 그 할매 이불이며 궤짝이며 죄다 그대로 있더라. 그거 다 냄편이 걷어내구 내가 쓸어내구 해서 들어갔다. 아주 다 쓰러져가는 집이었어. 구멍 나구 물 새구. 옆집 할매는 우리 안 들어왔으믄 혼저 독식허구 쓸 건물을 들어왔다구 아주 눈 부라리구 어지간히 지랄을 허야지."

　　방에는 쥐가 나왔고, 부엌은 발등에 고일 만큼 물이 줄줄 샜다. 셋돈을 받지 못하고 나온 처지라 달리 갈 곳이 없어 그저 참고 살았다. 임순은 서럽고, 부끄럽고, 고통스러웠다.

　　"그래두 쌀 가지구 밥 끓여 먹으니 살어는 지드라."

　　짐도 챙기지 않고 집을 비운 임순과 달웅은 종현에게 어디로 가는지 말하지 않았다. 가을이 됐다. 달웅이 버려진 전기담요가 쓸 만하다며 가지고 들어왔다.

"이거 있으니 여기 앉으믄 좀 따듯허겠네."

임순과 달웅은 그 위에서 잤다. 쥐잡이 끈끈이에 달라붙은 쥐가 부엌에서 지르는 비명을 들으며 눈을 감았다.

어느 날 차를 타고 철거 지역을 지나던 종현이 오토바이를 타고 내려가는 달웅을 봤다. 종현은 골목에 차를 대고 계속 둘러봐도 아버지를 다시 찾을 수 없었다. 종현은 하루에 두 번씩 달웅이 지나간 철거 지역을 돌았다. 문 앞에 서 있는 오토바이를 보고 두 사람이 사는 곳을 알았다.

"마음에 걸렸겠지, 종현이두. 우리야 짐도 제대로 안 싸고 나갔으니."

종현이 이불 한 채를 들고 찾아왔다. 도희와 나도 몇 번 찾아가 명절을 보냈다. 집은 가파른 계단 위에 있었고, 추웠다. 임순은 그 집에서 2년 2개월을 살았다. 태안 근처에 사놓은 땅이 도로 내는 데 맞물려 보상금 5500만 원이 나왔다. 그 돈으로 임순과 달웅은 철거 지역을 떠나 시장 근처에 3000만 원짜리 전셋집을 얻었다. 거실 하나에 방 한 칸, 그전보다 넓지만 여전히 낡은 집이었다.

"보상은 5500만 원 받았는데 왜 3000만 원짜리 집을 얻으셨어요?"

"이, 그 나머지는 빚 갚었다. 새마을금고 빚. 그 빚이 워치케 생겼느냐믄, 후우."

—

난 안 갈라기여. 당신 혼자 가

임순은 얼굴을 찡그리며 두 손으로 배를 쓸어내린다.

"그전이 시어무니가 딸들 혼낼 때믄 그래. '이노무 지지배들아, 너네 혼낼라믄, 내가 뱃창수 끊어져. 뱃심 없어서.' 그거 들으면서 나는 말은 샛바닥으루 하는디 뱃창수가 뭣허러 끊어진다냐 하는 생각을 혔는디, 증말 늙으니께 뱃심이 없어 말이 안 나온다."

임순은 한 번 심호흡을 하고 빚에 얽힌 이야기를 이어간다. 임순이 철거 지역 물 새는 집에 살고 있던 어느 날 종현이 찾아와 졸랐다. 도희가 2500만 원이 필요하니 대출해주면 다달이 빚을 갚겠다고, 이자와 원금을 자기가 갚을 테니 빌려만 달라고, 도희 말을 종현이 자꾸 찾아와 전했다. 임순은 새마을금고에서 2500만 원을 대출해 도희에게 줬다. 다음달에 도희는 새마을금고에 25만 원을 입금했다. 그 돈이 다였다. 집에 붉은 딱지가 붙고 계속 독촉 전화가 와 임순은 속을 썩였다. 보상금이 나오자마자 그 빚을 먼저 갚았다.

달웅은 나름대로 속이 타들어갔으니, 4000만 원을 빚지고 있었다. 두 사람이 아직 서산을 떠나지 않은 때 종현이 찾아와 전세금 빼줄 4200만 원이 필요하다고 죽는소리를 했다.

"세 받은 돈은 워쨌냐?"

"애 엄마가 다 썼슈. 애들 키워야지."

이번에 전세금 주고 나면 더는 세주지 않고 그 집에서 살겠다는 약속을 받고 달웅은 각별히 친한 친척에게서 4000만 원을 빌리고, 200만 원을 보태 종현에게 줬다. 그 뒤 두 사람은 천안 아파트를 거쳐 철거 지역으로 이사했다. 스마트폰이 등장하고 천안함이 피격되던 2010년, 두 사람은 빚과 가난에 지친 고된 심신으로 일흔을 향해 가고 있었다.

시장 근처로 이사하고 난 뒤 임순은 꿈자리가 사나워 잠을 잘 수 없었다. 꿈속에서는 뻐드렁니가 솟은 도깨비들이 몽둥이를 든 채 문을 열려며 현관문을 마구 흔들어댔다. 임순이 두 손으로 문을 막고 섰지만, 이내 탁 소리하고 함께 문이 떨어졌다. 그 꿈을 꾼 이튿날부터 달웅은 호되게 앓았다. 달웅이 드러누워 몸만 뒤척이며 아파하니 임순은 옆에 앉아 달웅의 이마를 쓰다듬으며 걱정에 잠겼다. '아이고, 워칙헌다나. 생전 앓아두 티두 않내구 앓두 않던 사람이 이리 아프니 워칙헌다나.'

"앓고 난 뒤로는, 오토바이 타고 가다가도 자꾸 쓰러지구, 이야기두 했던 얘기 또 하구, 잘못되더라구."

여전히 달웅은 경비 일을 다녔다. 3000만 원 전셋집은 2년 계약이었다. 1년도 채 되지 않은 때 집주인은 이제 사글세로 받아야겠으니 다달이 30만 원씩 못 주면 방을 빼라고 했다.

"삼천이, 다달이 삼십이면 그게 월마나 가겠니. 방은 빼야허는디, 주변을 아무리 찾아봐두 이천 오백, 삼천에 전세 주는데가 없어. 최소가 칠천이지. 아무 데두 갈 데가 없드라."

—

난 안 갈라기여. 당신 혼자 가

달웅은 태안이 천안보다는 집값이 싸니 차라리 그쪽으로
알아보겠다며 경비 일을 다니는 와중에 오토바이를 타고 태안
과 천안을 오갔다. 달웅은 경매로 나온 4500만 원짜리 집이 있
다고 했다.

"그런 돈이 워딨어. 삼천밖에 없는걸. 인저 빚 얻을 데두 없
는디."

임순이 말했다. 달웅과 임순이 속을 썩는 동안 월산리 근
처 논에 수로가 만들어져 1000만 원가량 보상이 들어온다고
전화가 왔다. 두 사람에게 4000만 원 정도가 생겼다. 동전 하
나까지 바듯이 모으니 400만 원이 더 나왔다. 두 사람 손에 다
시 4400만 원이 생겼다.

그렇게 홀딱 빨어먹구 던져놓을 수가 있나

달웅과 임순은 그 돈으로 집을 사 2012년 태안으로 돌아왔다.
4년 만이었다. 달웅은 또 한 번 전화를 받았다. 바다 근처 땅에
건물이 들어선다며 보상금이 들어왔다. 4000만 원 정도였다.
달웅은 그 돈으로 4년 4개월 만에 각별한 친척에게 꾼 돈을 갚
을 수 있었다.

"후우, 냄편이 한숨을 이렇게 길게 쉬드라. '인저는 죽어두,

눈 꼭 감고 죽을 수 있겠네. 나 이제 빚 없다.' 그렇게 말하마 한숨을 쉬드라구. 돈이라는 게 받은 사람은 잊어두 준 사람은 원제까지라두 다 기억허는 법이다. 빚에 시달리믄 피가 말리구 살두 찔 수가 없어. 느이 엄마가, 우리한테 정말, 못되게 혔다. 어려서 시집온 사럼, 딸처럼 여기구 애기처럼 생각하마 키웠어. 너희들 낳을 때도 줄다람쥐처럼 이 병원 저 병원 가서 돌봐줬구. 종현이 처갓집에두 소금에 낙지에, 좋은 건 박스로 매번 해다 줬다. 그저 사이좋게 화목허게 살라구. 종현이 헐떡거리마 입에 단내 나게 육체노동 허구 사는 게 애처롭고 마음 아파서, (목이 메어 말을 잠시 멈춘다) 젊어서 땅 장만해가마 이리저리 사놓은 거 다 팔어서 종현이 줬다. 야중에는 그걸로도 안 돼서 빚 얻다가 대출도 받어서 줬다."

임순은 줄줄이 팔아 없어진 땅의 위치와 값을 말한다. 어림잡아 1억 5000만 원 언저리다.

"그 많은 돈이 다 어디로 갔대요."

"난들 아니! 그저 애 엄마가 달라구 허구, 애 키우는 디 돈 든다고 하니, 다 줬다. 아주 죽는 기겁을 하고 찾아와 돈 달라 허니, 내 새끼여두 참, 한 대 때려주구 싶어두 때려서 각단이 나는 것두 아니고, 그때 홧병이 생겼다, 늬 할아부지. 말두 못허구. 사람을, 애들 돌봐달라구 불러서 싫다는 남편 끌구 거기까지 갔는데 그렇게 홀딱 빨어먹구 던져놓을 수가 있나."

—

난 안 갈라기여. 당신 혼자 가

종현과 도희가 달웅과 임순에게서 가져간 돈을 바탕으로 잘 먹고 잘살고 있다면 차라리 나았다. 그러나 두 사람은 여전히 비정규 노동의 굴레에 끼어 살았다. 종현은 건설 현장 안전 관리 일과 주방 설거지, 일용직을 매일 오갔고, 도희는 호텔 청소와 주방 설거지, 탁송 일을 병행했다. 오늘을 쉬면 내일의 생활이 간당간당했다.

2010년에 언니와 나는 학군 좋은 분당에서 비좁은 월세방을 얻어 살고 있었다. 도희는 세상이 무너져도 아이들이 넓은 시야를 가질 수 있는 수도권에서 살아야 한다고 생각했다. 그 생각에는 자식을 경유하는 도희 자신의 자아실현, 자기가 살아보지 못한 삶을 자식들에게 만들어주고 싶은 소망, 높은 학벌을 통해 계급 상승을 꿈꾸는 욕망이 뒤섞여 있었다.

현실은 냉혹했다. 나와 언니는 단둘이 불행과 가난의 냄새를 맡으며 베란다로 쓰레기봉투를 집어던지면서 지루한 지옥의 시기를 보내고 있었다. 아마도 다 한 곳으로 돈이 들어간 듯하다. 두 아이가 어떤 수준의 삶을 유지할 수 있게 만드는 데 말이다.

다시 임순은 인생에 한 고비를 넘어갔다. 태안으로 이사한 2012년, 임순은 일흔 살이 됐다. 임순은 이제는 정말로 달웅하고 둘이 편하게 살 수 있다 생각했다. 고향이고, 빚도 없으니, 버는 돈은 적더라도 달웅의 바람대로 둘이 오토바이 타고 가까운 곳 돌아다니며 공부도 하고 절도 같이 다니면서 살면 좋을 듯했다.

"집 살 때, 그이가 이건 내 명의로 해놓드라. '왜 내 걸루 해. 난 욕심 없어. 당신 걸루 해.' '야중에 당신 나 없으믄 워치케 될 줄 알구. 집이라두 있어야 다리 뻗구 자. 세상일 아무도 몰르는 거, 당신은 집 가지구 원제라두 다리 쭉 뻗구 살다가 죽어.' 그러마 그이가 내 명의루 이 집을 샀다. 가진 거, 이게 다다. 난 할아배가 나보덤 먼저 죽을 중 생각두 못했어. 그저 원제까지고 나보더 더 오래 사실 줄 알았지. 마지막에 마지막까지두, 그렇게 오래만 버텨줄 거라구."

바람 통로에 자리잡아 문만 열면 시원한 바람이 불어오는 이 아파트에서 달웅은 더는 일을 나가지 않았다. 치매가 발병해 아무것도 할 수 없었다.

이제는 정말로 사랑을 하고 싶었어

임순과 달웅이 여러 풍파를 겪으며 태안으로 돌아간 2012년 종현과 도희는 이혼한다. 20년 결혼 생활 동안 도희는 뜻대로 되지 않는 자식들과 미래를 의지하기에는 무능력한 남편, 고된 노동으로 삶이 갉아먹힌 듯했다. 도희 나이 마흔한 살이었다.

—

난 안 갈라기여. 당신 혼자 가

도희는 이런 현실이 자기 인생의 전부인가 하는 허무함에 휩싸였고, 이제 자식과 가정에서 벗어나 자기만의 삶을 살고 싶었다. 나와 언니는 아빠 곁에 남았고, 도희를 응원했다.

그 뒤로 많은 일이 있었다. 스무 살 무렵에는 자꾸 내게 밥값 계산을 시키는 데 기분이 상해 도희를 만나지 않았다. 서울에서 혼자 자취를 하면서 무료해지자 분노도 누그러져 작년부터 도희를 자주 만났다. 그날은 베이커리카페에서 커피를 마셨다. 바게트와 아메리카노를 골랐다. 계산은 도희가 했다. 도희에게 임순에 관한 기억을 물었다.

"자주 가지 않아서 떠오르질 않는데, 할머니가 말을 많이 안 하셨어. 누워 계셨지. 명절에도 술을 드시면 방에 들어가 불 끄고 누워 계시더라고. 지금 생각하면 할머니가 우울증을 앓았나 봐. 시어머니에 여섯 애 키우느라 스트레스 받고. 신혼 때가도 빨리 집에 오고 싶었지. 기억나는 거 없어. 농사일하는 사람들이었으니까, 할머니가 아무리 깔끔하게 치워도 시골집이 흙 묻고 지저분한 게 마음에 안 들었고, 막상 결혼해서 가니까 너무 깡촌인 거야. 완전 시골. 실수했다는 생각이 들었지. 아, 내가 잘못 선택했다."

1971년에 태어난 도희는 온양 장터 근처에서 자랐다. 딸이 여섯이고 아들 하나인 집에 넷째였다. 어머니는 시장에서 식당 등을 운영했고, 아버지는 유산으로 받은 부동산 매매 거래 말

— 중년 달웅 —

— 중년 임순과 달웅 —

고는 별다른 일을 하지 않았다. 그때 온양은 태안보다 서울에
더 가깝고 월산리에 비교하면 큰 읍내였다.

"할머니는 활동성이 없고 집에 있는 걸 좋아했어. 그 테두
리 안에만 있는 걸 고집하는 성향이 강하지. 너희 중학생 때,
분당에서 너희 단둘이 사니까 같이 살면서 애들 좀 봐주면 안
되냐고 부탁했지. 그런데 '나도 할아버지 도시락 챙겨줘야 하
고, 내 할 일이 있지 않니' 하고 거절하시더라고. 나라면 자식이
필요하다는데 당연히 두 팔 걷고 달려갈 거야. 할머니는 그저
남편만 챙기고 사랑이 많지 않은 냉정한 사람이었다고 생각해.

나한테 일을 시키거나 뭔가 요구하지도 않았어. 말로 상처
주지 않고 나를 딸처럼 챙겨준다고 느꼈지. 좋은 사람이라 생
각했어. 마음이 간 적은 없었어도. 명절에 가도 한 번도 그 집에
속한다는 느낌이 없었어. 그냥 낯선 사람들 같고, 고루해 보이
고, 제사니 잔치니 옛날 사람들 같기만 하고. 네 아빠가 장손이
고 할머니가 아들, 아들 하는 걸 보면 그냥 싫었어. 내 집은 딸
이 여섯이고 아들 하나잖아. 그 아들 타령을 듣고 있으면 견딜
수가 없었어.

온양도 태안도 시골이잖아. 거기를 벗어나 자란 적이 없으
니까 그저 시키는 대로 살고, 그저 남자 만나면 결혼해야 하는
줄 알고 네 아빠를 만났지. 그래서 너희들은 무조건 도시에서
세련되게 키워야지, 많은 거 보고 해외도 나가서, 하고 싶은 거

186 | 187

다 하고 살 수 있게 해야지 생각했어. 그게 내가 생각하는 부모의 역할이야. 아무리 힘들더라도 자식에게는 더 나은 기회를 주는 거. 내가 하고 싶어서 한 것도 맞아.

네 아빠가 그건 우리 형편에 안 된다고, 뒷바라지가 너무 힘드니까 그냥 가까운 곳에서 적당히 키우자고 해도 내가 고집했지. 사람들이 다 욕심이라고 말해도, 난 무슨 짓을 해서든지, 네 아빠가 아무리 힘들고, 네 할머니 할아버지가 나를 어떻게 얘기하든 중요한 게 아니야. 나는 너희 둘에게 내가 할 수 있는 최선을 다했어. 내가 그 사람들한테 불쌍한 마음을 가졌다면, 너희를 그만큼 오래 분당에서 키울 수 없었겠지. 후회는 없어. 그런데 너희가 크니까 더는 내 마음대로 되지 않았고, 20년 동안 내 인생이 사라져버린 느낌이었어. 이게 다인가? 이게 내 인생의 전부일까? 너희가 없으면 그냥 남편이랑 이렇게 계속 사는 거.

아무것도 모르고 얼떨결에 네 아빠를 만난 거야. 사랑해서 결혼한 게 아니었어. 너희만 보고 살았는데, 커버렸으니 이제는 정말로 사랑을 하고 싶었어. 하지만 사랑은 결국 희생이더라고. 그런데 나는 너희들이 아닌 사람에게는 희생하고 싶지 않아. 나 살림 못 해. 남편 챙기는 것도 못 하고. 남자 돈이 아무리 많아도 집안일이나 하면서 눈 없고 입 없는 사람처럼 사는 거, 못 해. 결혼했을 때 네 할머니가 은근히 나한테 아

—

난 안 갈라기여. 당신 혼자 가

들 기대하는 것도 싫었고, 그게 내 열등감인 것도 싫었고, 나는 아들이 없는데 종규네가 아들을 낳은 것도 싫었고, 그걸 신경쓰게 되는 나 자신도 싫었어.

어느 날 네 할머니가 나를 붙잡고, '종현이 사주에는 아들이 있는데, 네 사주에는 아들이 없다', 이 말을 하는 거야. 그게 무슨 소리야. 결국 나 말고 다른 여자를 만나야 한다는 소리야, 뭐야. 네 외할머니가 그때 친할머니한테 전화해서 따졌어. 어떻게 그런 말을 할 수 있냐고.

할머니가 부처님한테 기도할 시간에 나가서 돈 벌어서 아들한테 줬으면, 아빠가 덜 힘들었을 수도 있겠지. 하지만 아무 행동도 안 하고 걱정만 하는 게 무슨 소용이야? 지금만 봐도 예순 살, 여든 살 할머니도 나가서 일하는 사람 많아. 움직이지 않는 거, 집 안의 천사. 그게 할머니 성향인 거야. 그게 한계인 거고. 알 수 없는 분이야. 따뜻한가 싶으면 냉정하고, 너그러운 사람인가 하면 동시에 작은 일도 절대 안 잊어버리고 몇 번이고 얘기하는 분이야. 나는 한 순간도 그분처럼은 못 살아."

잠시 정적이 흘렀다.

"할머니가 내 얘기 하니?"

"아, 많이 하지. 말해줄까?"

도희는 양 입술을 꾹 누르며 묘한 웃음을 띤다.

"아니. 알고 싶지 않아. 나는 네가 이 인터뷰를 책으로 쓰겠다고 한 의도를 모르겠어. 왜 그걸, 누가 할머니가 정말 어떤 사람이었는지 알아야 해?"

"지금 알지 않으면 앞으로도 영영 모를 거 아냐. 사람은 다 내가 모르는 입체성이 있는 거고, 난 그게 궁금해."

"그렇게 입체적인 인물이 좋으면 왜 나는 인터뷰 안 해?"

"엄마는 너무 입체적이거든. 내가 감당하기엔."

도희에게 내가 종현의 빚을 대신 갚아주기를 임순이 얼마나 바라는지 이야기했다.

"내가 아들이면 나한테 그 소리 안 했겠지 생각만 들어. 딸이 해야 할 역할이 뭔데? 아버지 대신 돈 갚는 거? 해줄 생각도 없지만, 그러면 내 인생은 뭐가 돼? 내 존재가 그냥 커다란 부채야? 공기 하나하나가 나는 아버지나 결혼 아니면 다른 인생의 목표를 가질 필요가 없는, 아무것도 아닌 계집애라는 느낌을 줘. 할머니가 아무리 잘해주더라도 결국 할머니 머리에는 대를 이을 자손과 그렇지 않을 손주, 두 가지만 있는 거지."

도희가 그럴 줄 알았다는 듯이 손을 내저으면서 인상을 찌푸린다.

"이제 할머니한테 가지 마. 짜증 나."

"갈 거야. 가야 하고."

"나는 할머니 돌아가셔도 절대 선산에 안 묻을 거야. 못 묻어. 괘씸해서."

—

난 안 갈라기여. 당신 혼자 가

"그건 엄마가 결정할 게 아니잖아. 할아버지도 거기 묻혔는데 할머니를 선산에 안 모시면 어디로 가?"

"할머니가 가진 논을 전부 은수네 줬으니 그 집에서 알아서 해야지. 너랑 언니가 받은 게 뭐가 있어? 난 그 사람 죽어서도 절대 내 땅에 발도 못 들이게 할 거야. 기분 나빠."

나는 논과 종규와 종규의 대출과 임순의 사연을 짧게 전했지만, 도희는 '헛' 하는 소리를 내며 들은 척도 하지 않았다.

"게다가 선산은 엄마 땅이 아니잖아. 그건 나랑 언니가 결정할 문제고, 나는 할머니가 돌아가실 때 묻히고 싶은 곳에 묻히길 바라. 엄마가 마음대로 이래라저래라 할 게 아니지."

"명의가 내 거니까 내 땅이야. 내 마음대로 할 거고, 선산이고 뭐고 내가 남한테 팔아버리면 다 없는 거야."

"할머니가 엄마한테 뭘 잘못했는데? 노인 죽어서 잿가루 된 단지 하나 남편 옆에 같이 묻히겠다는데, 그게 거품 물고 내쫓을 일이야? 그럼 어디로 가라고?"

"납골당으로 가든지 길바닥으로 가든지, 그건 알 바 아니야. 내 땅에 할머니가 있다는 사실 자체가 싫어. 편하게 와서 눈감을 생각하는 게 싫어. 괘씸해. 할머니의 말, 행동, 전부 다."

카페 안 사람들이 우리를 힐끔거린다.

"그게 하고 싶은 거야. 영원히 할머니를 벌주는 거?"

"어, 난 그럴 거야. 땅 주인인 내가 허락 안 하는데, 니들이

스물두 살 도희

어쩔 건데?"

　내가 자리를 박차고 카페를 나와버려 대화는 더 이어지지 않았다. 임순이 죽은 뒤에도 고통받기를 원한다는 도희 말에 말문이 막혔다. 그 잔인한 마음에 조금도 동의할 수 없었다. 나는 도희하고 연락을 끊었다.

첫째 아들 종현은 커가면서 자주 임순을 서운하게 했다. 성인이 된 뒤에는 임순에게 자주 화를 내거나 고집을 부렸고, 틈만 나면 문을 박차고 나가버렸다. 임순은 며느리 도희가 끼친 영향이라고 의심하거나 사주 탓이라 짐작했다. 도희하고 이혼한 뒤에도 여전히 종현이 살갑지 않아서 임순은 아들을 향한 서운함을 사주팔자 탓으로 받아들였다. 종현과 임순 사이에는 원진살이 있었다.

종현이 세 살 무렵 임순은 어쩌다 보니 시어머니를 따라 절에 가서 사주를 봤다.

"이 종현이는 원진살이 닿아서 옴마 아부지허구 한집이서 오래 살 수가 없슈."

스님이 말했다. 원진살이 닿은 부모와 자식은 한집에서 살 수 없기 때문에 아이를 자식 많이 낳는 집에 수양어머니한테 줘서 따로 키워야 명이 길게 살 수 있다.

"나는 처녀 총각 만나 삼신할아부지가 점지해줘서 낳았는디 원진살이 왜 닿는지 알았겠니? 그냥 몇 년 가믄 살아서 그 살이 사라질 중 알았지."

달웅이 종현을 낳은 뒤 여러 번 집을 나가고 연락이 끊긴

일이 원진살 때문이라고 임순은 말했다. 나는 수틀리면 문을 박차고 나가 연락이 끊기는 성격은 달웅, 종현, 해인, 나로 이어지는 집안 유전이라 본다.

임순이 어릴 때도 부모와 자식 간에 원진살이 닿은 집이 있었다. 임순네 집에서 꽤 떨어진 조씨네 집(소가 찾아온 조씨네하고 다르다)은 매일같이 '한집이서 으르렁거리고 싸우마, 당장에 나가 뒈지라고 부모들이 자식헌티 소리치는' 집이었다. 온종일 싸우는 그 집 아들은 결혼해 아들딸 둘을 낳았다. 하도 부모가 나가 죽으라고 닦달을 하니 성질이 난 아들은 집을 나와 가의도에 둥굴레를 캐러 갔다.

가의도가 어떤 곳이냐 하면, 서생원의 섬이었다. 쥐가 떼를 지어 아주 버글버글했다. 쥐들은 몰려다니며 자는 사람의 발등을 떼어먹었고, 그러면 '아이구, 서생원님 왜 이러십니까. 참아주십쇼' 하고 빌어야 살 수 있었다. 섬에서 쥐를 죽이는 일은 금기였다. 쥐를 죽이는 죄를 지으면 쥐들이 꾸역꾸역 몰려들어 참혹한 벌을 받게 된다고 했다.

조씨네 아들은 둥굴레를 캐러 산에 올랐다가 쥐를 봤다. 섬의 금기를 모르지도 않을 사람이, 무슨 심정인지는 모르지만 들고 있던 작대기로 쥐를 잡아 죽였다. 쥐들이 사방에서 몰려 왔다. 미친 사람처럼 작대기를 휘두르며 달려드는 쥐들을 마구 때려잡던 조씨네 아들은 절벽에서 떨어져 죽었다.

객지에서 죽은 사람은 집 안에 들일 수 없기 때문에 시신을 대문 앞에 놓았다. 그 집 친척 동기들이 꽃상여를 등에 메고 '어기여 지여' 하며 산을 넘어갔다. 아이들이 울며 그 뒤를 따랐다. 어린 임순은 어른들 옆에 숨어 그 모습을 봤다.

'저 집은 원진살이 닿아서, 저렇게 서로 미워하다 객지서 죽어버리는 게다.'

조씨네 집은 불행했으니, 얼마 지나지 않아 죽은 아들의 막내딸도 구덩이에 빠져 세상을 떠났다. 서산으로 떠나기 전 점을 보러 가 종현과 부모가 아직도 원진살이 닿아 있다는 사주를 다시 들은 임순은 어릴 적 조씨네가 떠오르면서 겁이 났다. 그래서 임순은 아들에게 더 잘해주지 못해 마음 아프지만, 찾아오는 아들을 반가워할 수만도 없다. 살이 닿아 조씨네처럼 불행해질까 봐.

짧은 인연으루
이런 괴로움을

여섯째 날, 8월 22일 일요일 오전

— 2010년 달웅과 임순 —

임순은 아침 일찍 일어나 쌀을 안치고 집을 청소했다. 나는 여덟 시쯤 일어나 어기적어기적 얼굴을 닦고 밥상 앞에 앉았다. 밥상 위에는 계란찌개와 미역국, 열무김치, 무짠지, 간장, 쌀밥이 놓여 있었다. 텔레비전 아침 뉴스에 부산 관광지가 나온다.

"할머니는 부산 가보셨어요?"

"부산은 안 가구, 부곡은 가봤지. 큰 온천 있는디."

"언제 가셨어요?"

"늬 할아부지 예순한 살에 월산리 친목회에서 일박 이일로 갔어. 제주도로 비행기 타고 갔다가 배 타고 오믄서 부곡 온천에서 목욕했지. 제주도, 비행기 눈 감았다 뜨니까 금방 도착허드라. 친목회 다 같이 낚싯배 타고 바다 보러 가는디 나는 안 탔어. 타기 싫어서. 근디 누가 날 보구 불러. 웬 외지 여자가 내 냄편 손 붙잡구 아주 춤추고 난리 났다구. 아이구, 딴 여자가 종현 아빠 데려가게 생겼대. 춤추고 야단났다구. 그러믄 그이가 나만 보구 아주 허허허 웃어. 이 여자가 자기 손목 잡았다구. 난 뭐라구 안 혔어. 춤추고 사람 보구 하는 게 다 기억 남구 좋은 일이지 하는 생각으로."

"할머니도 같이 춤추셨으면 좋았을 텐데."

"나는 그런 거 안 좋아해. 남편이 가르쳐줄 테니까 같이 다니자구 해두, 나도 해봤는데, 나는 자꾸 발이 걸려. 식구 많구 헐 일 많으니 드러눕는 게 좋드라구. 그이는 젊어서 아는 사람이랑 댄스 스포츠인가도 배우러 다녔어. 청바지 있으믄 세련되구 춤도 잘 춰진다 혀서 하나 얻어왔다구. 청바지도 입었었지. 잘 췄어.

허허, 늬 할아부지 살아계셨으믄 너랑 도란도란 마주앉아 말도 재밌게 잘하셨을 거다. 나야 말재간도 없어. 말허는 법두 잊었다. 할아버지 병 걸리구 10년 동안 말을 못 혔으니 내가 소리 내 말할 일이 뭐 있니."

"10년 동안 말을 못 하셨구나."

"너도 알잖니. 자주 왔으니께. 그이가 철거 지역 살 때부텀 속앓이가 심해 엉뚱헌 말도 허구 그랬지……."

저마다 달웅이 치매가 발병한 원인을 달리 생각했다. 종현은 종규가 죽은 뒤 상심이 커서 그렇다 했고, 임순은 천안으로 이사한 뒤 빚과 가난에 시달린 탓에 마음고생을 하며 말을 잃었다고 했다. 다른 사람들은 노쇠한 신체에 당연하게 찾아온 비참이라 여겼다. 나는 모두 다 이유라 생각한다. 초기에 적절한 치료를 받지 못한 점이 중요했다. 아직은 버텨주리라 가족들이 기대하는 동안 치매는 빠르게 달웅의 뇌를 잠식했다.

"어떤 엉뚱한 이야기를 하셨어요, 할아버지가?"

"이, 엉뚱헌 이야기가 뭐냐믄, 했던 얘기 또 하구 잊어버리구 안 해도 될 말을 허시구 시뜩거리마 웃고 그랬다. 철거 지역 물 새는 집에 살 때부텀 나는 왜 저러시나, 정신 맑고 또렷하셔

—

서 한 번 실수 없던 분이 왜 저러실까 하는 생각 가졌지."

경비실에서도 달웅을 여기저기로 떠넘겼다.

"부지런허구 시키믄 시키는 대로 일은 잘허니께 자꾸 저쪽 가서 일해라 부려먹기만 했지, 그 노무 경비실들. 할아버지가 엉뚱헌 소리 허구 기억 없구 허니께 젊은 노무 새끼들이 할아버지한테 쓰레기 청소고 뭐구 다 시켜서 혼저만 일허게 하구, 저들끼리는 그냥 놀믄서 할아버지 비웃구, 그이가 그 지랄 당허구 온 거 내가 다 안다.

가지 말라고 말렸어. 당신, 가지 마. 산목숨에 거미줄 치겄나. 방법이 있을겨, 가지 마. 월산리에서는 염전 일 그렇게 해두 생전 안 앓던 사람이 경비 일 다니마 그렇게 앓았다. 그래두 할아배가 쉬고 노는 사람이 아녔어. 다녀야지 허구 나가드라구."

달웅이 철거 지역에서 횡설수설하기 시작했다면, 치매 증상은 예순아홉 살에 발병했다. 그 뒤 3년 동안 달웅은 계속 경비일을 했다. 경비실에서는 갈수록 기억을 잃고 같은 말을 반복하는 달웅을 해고했다. 달웅은 자기가 해고된 사실을 잊고 다음 날에도 출근했다. 경비실에서는 임순에게 전화했다.

"병원이다 입원시켜 놨으니 데려가시라구. 택시 타니까 병원 앞에 내려주더면. 가니 그이 링게루 맞구 누워 있어."

달웅은 경비 일을 그만두기 전 고발을 당했다. 같이 일하는 동료 경비원을 폭행한 혐의였다. 달웅은 다시 방문을 닫고 앉아 사유서를 길게 적었다. 자기는 무혐의이고 고발이 부당하다는 내용이었다. 달웅은 기록하는 사람이었다. 한가득 있던 가계부, 장부, 일기장 같은 기록은 여기저기 이사를 다니면서 하나둘 사라졌다.

파란 노트에 파란 볼펜으로 달웅이 적은 마지막 기록을 봤다. 일을 마치고 경비실에 오니 동료가 달웅의 돋보기안경을 쓰고 있어 벗기려 했을 뿐 폭행한 적은 없다는 내용이었다.

용역회사에 신고 후 방문처리 해야지 2개월 후 내가 신고처리 하면 안 된다 하니 반장은 안조은 말을 하여 내안경 달라고 햇지 얼굴 때린 충격은 없습니다. …… 7월 16일 반장이 출근하지 말라고 하여 …… 재활, 분리물, 음식물 정리에 많은 주민이동, 호수 알려주며 모든 일 잘 한다고 하는데 11:45분 …… 나는 반장과 악수하며 그럼 내가 그만두는 수막에 없나 재활용물 정리를 내가 한 것입니다. 어제 근무 때 모집된 것도 내가 매일 정리 처리 한 것입니다.

이 글을 끝으로 달웅은 더는 기록을 남기지 않는다. 종현은 달웅을 대신해 벌금 200만 원을 냈다.

—

뇌 속에서 자라는 칡

임순은 태안으로 다시 돌아온 뒤 이야기를 길게 하지는 않았다. 할 이야기가 없다기보다 굳이 말하지 않아도 내가 알고 있기 때문이었다. 2012년에 나는 열다섯 살이었다. 종현은 이혼하고 나서 달웅을 자주 찾아갔고, 나도 따라갔다. 나는 치매가 한 사람의 뇌와 몸을 집어삼키고 죽음으로 이어지는 과정을 단편적으로 지켜봤다. 몇 년 동안 같은 말을 반복해서 하고 자기가 한 행동과 방금 들은 말을 잊었지만, 그때는 스스로 말을 할 수 있었다. 달웅은 어릴 때 만난 선생님 이야기를 가장 많이 했다.

달웅은 어려서 영특하고 총명했다. 공부 잘하는 학생 몇 명만 들어간다는 면천면에 있는 중학교에 합격했다. 지금도 면천면은 월산리에서 차로 한 시간 반 정도 걸린다. 어린 달웅이 오갈 방법은 없었다. 정년은 교통편도 마땅하지 않고 학비도 없으니 중학교를 보내지 않으려 했다. 담임 교사가 학기 중에는 자기 집에 달웅을 데리고 있을 테니 꼭 그 학교에 보내자고 말했다. 달웅은 가까스로 학업을 이어가지만 방학이면 집에 와야 했다. 차비가 없어서 발이 벗겨질 만큼 울며 걸었다. 어린 제자에게 교육 기회를 주려 한 선생님에 얽힌 기억은 일흔너덧 살 흐릿한 달웅의 머릿속에 오래도록 남아 있었다.

더는 면천면 시절을 떠올리지 않게 된 때 달웅은 한때 자기가 사거나 판 땅에 관해 두서없이 말하기 시작했다. 말수도 점점 줄었다. 자주 더듬었고, 몇 번 입을 열다가 '으음' 하면서 입을 다물었다. 종현은 달웅을 차에 태우고 여러 번 드라이브를 나갔다. 한때 가지고 있던 땅, 월산리, 태안을 보여줬다. 머리가 하얗게 센 달웅은 차창 밖의 논을 보며 웃었다. 월산리에 도착하면 종현은 한참 굽이진 도로를 지나 사방이 논밭뿐인 곳에 차를 세웠다.

"여기가, 으음, 여기가, 그⋯⋯."

달웅은 창밖에 어떤 논이 나타나자 열심히 뭔가를 말하려 했다. 그럴 때면 두 사람은 차에서 내렸다. 매서운 바람이 부는 겨울이라 나는 추워서 차에 그대로 남아 있었다. 꽁꽁 언 허허벌판을 종현과 달웅이 걸어갔다. 차 안에 앉아서 논두렁에 선 달웅이 손을 뻗어 뭔가를 가리키는 모습을 봤다. 나는 왜 아무것도 없는 이런 한데에 차를 세워 시간을 보내는지 알 수 없었다. 그 논이 바로 종규가 죽기 전에 산 땅이었다.

태안으로 내려가는 길에 조수석에 앉아 종현에게 말했다.

"책에서 읽었는데, 치매는 잡풀이 자라는 거랑 같대요. 뇌에 한 번 씨앗이 박히면 순식간에 풀이 자라 뇌의 주름 하나하나를 잡풀이 다 차지해버린다는 거예요."

어디서 읽은 글인지는 모르겠다. 학교에 다니지 않던 때라

—

많은 책을 읽으면서 무료한 시간을 보내고 있었다. 종현은 고개를 끄덕였다.

"칡넝쿨 보이니?"

"아뇨."

"지금 창밖에 보이는 게 다 칡이야."

우리가 지나는 국도 옆 비탈은 푸른 잎으로 가득했다.

"칡은 생명력이 너무 강해서, 무성해지기 시작하면 산이 버텨내질 못해. 한번 칡이 자라기 시작하면, 산은 죽는 거야."

치매는 달웅의 뇌 속에 자라는 칡이었고, 이제 누구도 뽑을 수 없었다. 달웅이 하는 말은 짧은 모음으로 변했고, 나중에는 그 말마저 잃어버렸다.

20여 년 전 내가 인큐베이터에 들어가 있던 병원에서 달웅은 치매 확정 진단을 받았다. 치매약을 처방해 먹다가 안 먹다가 다시 먹기를 반복했다.

"의사가 나헌티 냄편 분 치매는 속도가 빠른 치매에요, 다른 사람이 5분에 10리 길은 못 가는 치매라믄 이분은 5분에 10리 길을 가는 무척 빠르게 진행되는 치매에요, 그러믄서 의료원에 가야 헌다구 그러드라고."

이미 가속도가 붙은 질병은 진행을 막을 수 없었다. 임순은 달웅을 치매 병원에 입원시키려 했다.

"내가 그이를 놔두고 나오려니께 자기두 같이 갈 거라구,

놓고 가지 말라구 아주 쫒아 나오더라구. 내 손 붙잡고 간대.
그래서 다시 데리구 같이 살았다."

엄마가 전부 책임질 수 있슈?

임순은 요양원에 달웅을 홀로 남겨두고 싶지 않았다. 충분히
먹지 못해 말라 보였고, 약을 먹여 누워만 있게 하는 듯했고,
외로워 보였다.

　"엄마, 그러면 이제 정말, 진심으로 성실하게, 엄마가 전부
책임질 수 있슈?"

　종현은 요양원에서 달웅을 데려오고 싶다는 임순에게 물
었다. 임순은 죽는 날까지 수발하겠다고 말했다. 종현과 임순
은 치매약이 토하고 더 앓게 한다는 이유로 약을 끊자는 결론
을 내리기도 하고 방문 요양을 취소하기도 했다. 나는 멀리 떨
어져 보면서 대체 두 사람이 뭘 하는지 알고나 있나 의심스러웠
다. 저게 잘하는 일일까? 그러나 무엇이 최선인지 아무도 몰랐
다. 돌봄 노동을 누가 맡을지는 분명했다. 며느리도 없는 집안
에서 달웅을 수발할 사람은 임순뿐이었다. 그런 임순에게 종
현은 전부 책임질 수 있냐고 물었다. 임순은 노동뿐 아니라 노
동에 따르는 책임까지 져야 했다. 집안에 다른 여성이 없는 상

태에서 종현은 달웅의 돌봄에서 비용을 뺀 나머지를 모두 임순 한 사람에게 떠넘겼다. 그러면서 그 희생을 남편 부양이라는 효부 가치관을 버리지 못한 임순의 성격이 지닌 한계 탓이라 규정했다.

병원비도 많이 들었다. 종현은 땅을 몇 군데 팔았다. 달웅이 아직 스스로 서명을 할 수 있을 때 종현은 땅 명의를 자기 앞으로 이전했다.

임순은 일흔 살에서 여든 살까지 10년을 다시 치매 간호를 하며 보냈다. 두 사람이 새로 산 아파트에서 혼자 달웅을 먹이고, 대소변을 받고, 빨래를 하고, 청소를 했다. 종현은 임순이 충분히 진심으로 달웅을 돌보지 않는다고 비난했다. 잘 먹이지 않아서 배를 곯는 달웅이 자꾸 아무거나 집어먹는다고 말했다. 수염을 안 깎아주고 잘 씻기지도 않는다고 말했다. 옆에서 보고 있으면 임순 탓이 아니라 치매 증상이었다. 달웅은 음식과 음식 아닌 것을 가리지 않고 뭐든 먹고 싶어했다. 씻는 일도, 몸에 가위나 손톱깎이를 대는 일도 싫어했다.

나는 종현이 비난할 사람을 찾고 있다고 생각했다. 이렇게 된 상황을, 인생의 실패를, 이혼과 부채와 빈곤을, 아버지의 육체와 정신이 해체된 현실을 탓할 사람이 필요했다. 누군가에게 분노를 표출하지 않고는 버틸 수 없었다. 그렇지만 그런 상태가 비난을 정당화하지는 않는다. 임순은 가정에서 돌봄 노동을 할 유일한 여성이자 남편은 물론 경제적 자원도 없는 약자였다. 종현은 뒤늦게 묵힌 앙금을 풀듯이 그런 임순을 무시했고, 노쇠한 어머니를 외면했다.

나와 종현이 밥상 앞에 앉았다. 2주 만이다. 달웅의 턱에서 음식물 섞인 침이 흘러내린다. 종현이 휴지로 턱을 닦으며 바나나를 조각내 입에 넣어준다. 달웅은 입을 벌리고 잘 받아먹는다. 이제 정말로 아기가 돼 있다. 임순은 다 먹은 밥그릇을 모아 들고 싱크대에 가져가 설거지를 한다. 달웅이 바나나를 씹다 말고 웃었다.

"어허어허."

"씨발놈."

물을 틀기 직전에 임순이 중얼거렸다. 나는 그 말을 들었다. 종현도 들었다. 종현은 숟가락을 놓고 임순에게 물었다.

"뭐요?"

"아무것도 아니다."

임순은 그릇을 씻었다. 종현은 그냥 넘어가지 않았다. 언성을 높이며 방금 뭐라 했냐고 다그쳤다. 임순은 입을 꾹 다물었고, 종현은 어떻게 아버지에게 그런 말을 뱉을 수 있냐고, 엄마가 정말 아버지를 생각하고 사랑하는 마음이 있다면 그렇게 쌍욕을 할 수 없다고, 결국 억지로 하는 수발일 뿐 한 번도 진심이 아니었다고, 이 착한 사람을 미워하고 있다고, 냉정하고 지독한 사람이라고 비난을 퍼부었다.

임순은 고개를 숙이고 싱크대 앞에 서 있었다. 종현은 내게 일어나라고 말했다. 나가자고, 이런 곳에 더 있을 이유가 없다고 소리쳤다. 임순은 한마디도 하지 않다가 말했다.

"아니야, 내가 잘못했다. 종현아, 가지 마."

종현은 이미 겉옷을 입고 현관을 나가고 있었다. 나는 가고 싶지 않았지만, 달리 방법이 없어 따라 나왔다. 문이 쾅 닫혔고, 임순은 혼자 남았다. '어허어허' 침을 흘리며 웃는 남편하고 함께.

오도화

"너 워디 아프냐?"

내가 옛날 생각에 잠겨 있자 임순이 물었다. 임순은 이미 밥상을 치우고 설거지까지 다 끝낸 상태다.

"아까부텀 자꾸 어깨죽지두 젖히구, 밥두 많이 안 먹네."

"아녜요, 어제 잠을 한쪽으로 자서 그런가 봐요."

임순은 행주에 손을 닦고 소파에 앉았다.

"벌써 올해도 반년이 다 갔네. 칠십 다 먹는 것두 기냥 뚝 띠어 먹는 거 같더니 인제 여든한 살이 되게 생겼다."

"그러게요, 8월도 이제 끝나가요."

"동트는 것도 많이 늦어졌다. 부지런해야 혀. '미끈 유월, 어정 칠월, 동동 팔월'이란다."

"그게 뭐예요?"

"옛말이지. 6월달, 음력 유월은 그저 워칙허먼 미끈덕허게 지나가. 그래서 미끈 유월. 어정 칠월은 그냥 어정어정하다 보믄 워치케 기냥 한 달이 가버리는겨. 긍게 어정 칠월. 그 두 개 후딱 지나갔으니께 팔월에 바뿌지. 그때는 바빠서 아주 동동거리마 돌아댕긴다고 동동 팔월이란다. 인제 해 없다. 부지런히 해라. 옛날 어른들이 말했지."

오늘은 음력 7월 15일, 어정 칠월 한가운데다. 임순이 허리를 어정쩡하게 기울이고 있는 나를 보고 갑자기 묻는다.

"너 배 아푸지!"

정로환 두 알을 미지근한 보리차에 삼킨다. 임순이 내 등을 타닥타닥 치더니 크고 둥글게 문지른다.

"내 손이 약손이다, 할미 손이 약손이다."

말이 노랫소리 같다. 등을 맡기고 보리차를 홀짝인다.

"아이구, 나 잊어먹을 뻔했네. 나 절 가기 전에, 너 나 뭣 좀 써다오."

임순이 일어나 절에 가려고 챙겨놓은 가방에서 흰 편지 봉투를 꺼낸다.

—

"여기 내 이름이랑 주소 좀 써줘. 절 갈 때 가져가게. '이름 오도화'라고 써. 주소는 이 아파트 주소."

텔레비전 밑에 있는 연필꽂이에서 굵은 펜을 꺼내고 편지 봉투를 든다. 살짝 여니 연필로 또박또박 적은 글씨가 보인다.

"할머니가 직접 쓰셔도 좋을 텐데."

"난 다 비뚤어지고 흔들려서 못 써. 그래두 안에 있는 건 내가 다 썼다. 그거 세 장 쓰는 데 이틀 밤낮 걸렸다."

"세 장이나 쓰셨으면 정말 대단하죠. 이건 왜 가져가시는 거예요?"

"절에 가져가서 불 놔야지. 태울라구."

"아깝다."

내가 안에 든 편지를 다시 들여다보려 하자 임순이 속에 있는 종이는 보지 말라고 해 그만둔다. 길게 휘어진 필체로 오도화라는 이름을 쓰고 옆에 주소를 적는다. 오도화는 임순이 받은 법명인 듯하다.

"할머니 절 다녀오시면 오늘 저랑 같이 글씨 쓰기 연습해요. 책 가지고 왔어요."

내 말에 임순이 킬킬 웃는다.

"나 올 때까지 드러눠 자. 졸려 보인다."

벚꽃 색깔하고 똑같은 연분홍색 양산을 들고 꽃무늬가 그려진 마스크를 쓴 채 집을 나섰다. 잘 다녀오시라고 배웅한 뒤 안방에 누웠다. 햇살이 이불 위로 쏟아졌다. 희고 오돌토돌한 무늬를 띤 이불은 잘 보면 둥그렇게 누리끼리한 자국이 있다. 달웅이 말년에는 누워만 있어서 그런 자국이 생겼다. 세상을 떠나는 순간에도 여기 누워 있었다. 임순은 그 이불을 버리지 않았다. 나도 그 위에 누워 몸을 쭉 폈다.

느이 양부지가 착헌 사람이야

2018년 임순은 허리가 부러졌다. 임순 나이 일흔일곱, 달웅이 임순 위로 넘어져 생긴 사고였다. 이미 대소변을 조절하지 못하는 달웅이 화장실에 가려다가 소변을 전부 싸버리는 바람에 임순은 흠뻑 젖은 바지와 양말을 벗기느라 쪼그리고 앉아 있었다. 그러다가 달웅이 임순의 등을 향해 퍽 쓰러졌다. 임순의 뱃속에서 '뭔가 딱딱헌 게 탁 하고 일어나'더니 이내 속에서 찬바람이 일고 '냉장고 얼음물을 다 갖다 부은 거마냥 싸늘한 기운'이 등을 타고 올랐다.

　　달웅은 비틀비틀 일어나 안방에 들어가 누웠다. 임순은 도저히 몸을 일으킬 수 없었다. 그 순간 수렁에 갇혀 쓰러진 소가 세 번 만에 일어나지 못하면 죽는다는 이야기가 생각났다. 한 번, 두 번, 세 번. 몸을 일으키려다 한 번 고꾸라졌고, 두 번

—

고꾸라졌다. 세 번째에 벽을 붙잡고 한 손으로 허리를 부여잡은 채 섰다. 간신히 몇 발자국 떼어 안방으로 들어간 임순은 달웅 옆에 누웠다. 숨도 쉴 수 없을 만큼 아팠다. 뱃속에 튀어나온 뭔가는 들어간 듯하지만 온몸에 힘이 빠지고 사시나무처럼 부들부들 떨렸다. 움직일 수도 없었다. 임순은 이제 죽게 될 거라고 생각했다.

"할아버지, 나 아퍼, 아퍼……."

임순이 달웅에게 말했다. 달웅은 계속 눈을 감고 누워 있었다. 그제야 119 생각이 났다. 119가 오면 현관문이 잠겨서 못 들어온다는 생각도 났다. 다시, 임순은 일어나려 시도했다.

"시상에……아퍼서. 부처님을 열 번을 불러. 부처님 나 워치겨, 나 살려달라고, 우리 종현이 너무나 심들어서, 나 할 일이 남었다구, 우리 종현이……갱신이 일어나 벽 붙들구 현관문을 열었다."

그다음에 임순은 119에 전화했다.

"옴마, 받네."

임순은 사정을 설명했고, 이내 구급대들이 집에 왔다.

"그 사람들이 오마 할아부지도 한번 들여다보구 나헌티 말허드라구. '할머니, 내가 할머니 안을게' 그려서 내가, '아이구, 좋은 말씀인디 내가 보기엔 이래두 무거워요' 그랬다. 그래 두 청년이 아주 나를 담뿍 안드라구.'

새벽 세 시 반, 임순은 응급실에 갔다. 숙직 간호사가 임순을 보며 물었다.

"이 밤에, 늙은이가 무신, 부부 싸움 혔소?"

검사를 하려면 보호자가 필요했다. 종현에게 몇 번 전화를 걸어도 받지 않았다. 둘째 며느리 희진이 연락이 돼 아침 아홉 시쯤 병원에 왔다.

"등이 아프다구 말혔는디, 거기 의사는 심장이 놀라 충격 먹은 거라구, 암디두 다친 거 없다 허대. 참 천만다행이라구 의사가 그러니, 믿이야지 뭐. 그러고도 아퍼서 내가, 원래 우연허믄 참는 성격인디, 죽는다고 소리를 질렀다. 진통제 좀 더 놔 달라구. 수면제라두 달라구. 살 수가 없다, 주사 맞어두 쪼금도 나아지질 않여."

병원에서 이상이 없다고 나왔으므로, 임순은 영양제 한 대 맞고 집으로 왔다.

"영양제 주사 한 번 맞는디두 소리를 멫 번 질렀다. 아주 땀이 철철철철 흐르마 워디가 아픈지두 몰르게 다 아프구 기냥 죽을 거 같어. 숨두 못 쉬겄구, 워치게 헐 수가 없는디. 그래두 목숨 다쳐야 죽지 아퍼서는 사람 안 죽데."

몸을 움직이지도 못하고 계속 아파해서 종현은 임순을 데리고 조금 큰 의료원으로 갔다. 거기서는 고칠 수 없다며 더 큰 서산중앙병원으로 가라고 했다. 종현은 임순을 차에 태우고 서산으로 갔다. 병원에 가니 사람이 많고 대기 시간도 길어 종현은 접수를 한 뒤 임순을 놓아둔 채 회사에 갔다. 온몸이 덜덜 떨려서 담요 하나를 빌려 덮고 기다리던 임순은 겨우 자기공명 영상^{MRI}를 찍었다. 검사 결과 임순은 척추가 부러지고 갈빗대 세 개가 부러졌다.

"부러졌다고도 않구 부서러졌다 그러드라. 보통 다친 게 아니구, 골다골증이 있어서 그런 충격에두 그냥 빠개진 거라구. 갈빗대야 약 안 먹구 시간만 가두 알아서 붙는댜. 근디 등짝은, 기부스를 헐 수도 없구 천으루 쳐 매서 붙일 수두 없구, 여간 골치 아픈 게 아니랴. 그래두 허리뼈의 똥글똥글헌 마디 비껴가서 살었지, 안 그랬으믄 몸도 못 움직이구 빙신 됐을 거라 허대. '이게 나을라믄 참 고통받아야 헐 거요'라고 말허대, 의사가. 참……입원했는데 잘 수도 없구, 죽는 게 나. 그 고통이, 먹지두, 자지두 못헌다."

임순은 2주 동안 입원했다. 달웅은 요양원에 들어갔고, 종현이 회사와 병원, 요양원을 오가며 살림을 이어갔다. 임순은 병원 생활을 자주 반복해서 말했다. 본래 병원을 거의 가지 않는 사람이라 입원 생활이 기억에 남을 수도 있었고, 돌봄 노동에서 잠시 벗어나 돌봄을 받는 일이 처음이라 낯설기도 한 듯했다. 임순이 들려준 병원 이야기는 대부분 주변 환자와 의사, 간호사들이 자기에게 해준 일들이었다.

"허리 부서진 건 뼛물을 먹어야 낫는다구, 내가 밥두 못 먹구 그냥 앉아만 있으니께 눕지를 못혀, 허리 아파서. 맞은편 환자가 아들 시켜서 갖구 왔는지 뼛물을 하나 나 주드라. 한꺼번에 잡숫지 마시구 저녁에 데펴 자시유 허믄서. 옆의 할매는 옥수수 물 타고 구숳게 끓인 걸 나 한 컵씩 마시라고 주대. 밥은 못 먹어두 그건 구수워서 들어가니 속에 편허더라구. 더 달라곤 못 말혔네."

한번은 종현이 병원에 연꽃을 들고 찾아왔다. 오랜만에 면도도 하고 훤칠한 입성이었다.

"걔가 (손바닥 두 개를 펼쳐 보이며) 이만헌 연꽃 시 개를 들고 왔드라. 저쪽 환자두 하나, 나 하나, 이쪽 환자도 하나씩 주드라. 사람들이 허 하고 놀라드라, 종현이가 멀쑥허니께. 인물이 여간 좋았는 중 아니. 요즘에야 고상허구 잘 안 맨져서 그렇지. '우리 큰아들이요' 허니께 사람들이 '훤칠허니 병원이 다 환헌기요' 그래. 연꽃 주고 가니께 '병이다 잘 담어놔여겠네. 심청이라두 나올라나' 그러믄서 메칠 그 심청이 타령 허드니, 야중이는 '인제 말를라 허네! 심청이두 안 나오구' 그러게 말하믄서 놀드라구. 허허. 종현이, 느이 아부지가 착헌 사람이야."

서울로 가라는 건 죽으라는 거지

허리가 부러진 건 2018년, 달웅이 세상을 떠나려면 아직 2년이 남았다. 그사이 갓난 달웅 등가죽에 큰 흉터를 남긴 꼬마지가 다시 도졌다. 어느 날 임순은 물티슈로 달웅의 등을 닦다 흉터 밑에 있는 커다랗고 물렁물렁한 뭔가를 발견했다. 옹알이 수준의 말도 못하는 달웅은 계속 배를 깔고 엎드려 누워 잤다. 종기가 이미 살 속에 넓게 곪아 있었다. 여러 병원을 돌아다녀도 모두 수술을 거절했다. 달웅은 더 심하게 앓기 시작했다. 마지막으로 찾아간 병원에서도 젊은 의사는 여기서는 할 수 없으니 서울로 가라고 말했다.

"종현이가 곪아서 근력 하나 없는 노인네를 서울로 가는 건 죽으라는 거지 워치게라두 괜찮으니 받아달라 그렇게 말 허니께 새벽 두 시에 수술 잡아 주드라구. 거기서 할아부지 쓰봉이랑 옷 사 입히구, 병원 식당서 밥 먹으마 기다렸다. 종현이가 아부지 밥을 주마, '아부지, 밥. 아 허요' 그러면 할아배가 '아아아' 허구 입을 쩍쩍 벌리마 받아먹었지. 의사고 간호사고 병원 사람들이 다 쳐다보드먼, 허허. 그래두 우들이 다 닦아줘가마 돌보니께 병원 사람들이 할아배를 이쁘게 봐줬지."

수술실에는 종현만 따라 들어갔다. 임순은 희숙하고 함께 대기실에서 기다렸다. 희숙은 2018년부터 달웅의 말년까지 종현하고 함께한 사람이다. 한참 뒤 종현이 나왔다.

"워치게 됐간."

"아이구, 옴마. 아부지 인제 죽을 땐디, 숨은 쉬요."

종기가 너무 깊게 곪아서 의사들이 한참 애를 먹었다고 종현은 말했다.

"종현이 말이, 의사가 핀셋으로 그 부분을 누르니께 피고름이 줄줄 나와서 스뎅 술잔으로 한가득 찰 만큼 나왔드랴. 수술실 들어갈 때까지두 아무 말 않던 아부지가 그 부분을 째서 누르니께 '아아' 허구 소리를 지르데. 옴마, 내가, 그 소리를 듣고 울었네. 간호사도 눈물 떨구드라."

자기 의사를 표현할 기억과 말을 전부 잃어버리고 나서도 달웅이 마지막까지 보여줄 수 있는 수단은 웃음이었다. 달웅은 임순이 음식물 쓰레기를 버리러 간 사이 문을 잠가 겨울날 밖에서 몇 시간을 떨게 만들고, 귤껍질에서 포도 껍질까지 눈에 보이는 대로 전부 입에 집어넣고 씹었다. 그러면서도 반가운 사람에게 어허어허 웃으며 잊지 않고 손을 꼭 잡았다. 나는 그 웃음이 희미하게 반짝이는 기억의 흔적이라고 생각했다. 종기를 수술하고 얼마 지나지 않아 달웅은 더는 웃지 않았다. 웃을 기운이 나지 않는 듯했다. 흰 수염은 덥수룩했고, 뼈가 드러날 만큼 말라 간신히 앉아 있었다.

몇 달 뒤 나는 서울에서 일하다가 달웅의 부고를 받는다.

—

짧은 인연으루 이런 괴로움을

많이 놀랐다. 달웅을 전혀 떠올리지 않은 지 꽤 됐고, 아무리 쇠약해도 오래 버텨주리라 생각한 탓이었다.

내가 이렇게 거울두 보네

임순이 절에 간 사이 하라는 대로 안방에 누워 잤다. 눈을 뜨니 한 시가 지나 있었다. 느릿느릿 일어나서 눈곱을 떼고 자지 않은 척 거실에 앉았다. 그러자마자 임순이 들어왔다. 나를 보자마자 잤느냐고 물어서 별 수 없이 잘 잤다고 대답했다.

　　임순은 오늘 바쁘다. 절에 다녀오고 빨래도 해야 한다. 집에 와 손을 씻고 옷을 갈아입고 세수를 한 뒤 거울을 본다. 젖은 머리를 살살 쓸면서 오래 거울을 본다.

　　"오늘 나 절까지 태워다준 할머니가 '보살님은 꼭 선생님 같으요. 잘 풀렸으믄 공무원 되든지 선생님 되든지 할 사주요' 그러대. '근디 옛날이는 양반집이서 여자가 그렇게 나돌으믄 안 좋은 소리 나구 허니께 글을 안 갈친 거유.' 그려서 공부 안 갈친 거라 허대. 나 주저앉힐려구. 배왔으믄 아주 나돌았을라나벼. 내가 '글쎄요. 몰르겄어요' 그렇게만 대답혔네. 나 얌전허다구는 절에서나 병원에서나 다들 그 말 했어. 말씀 없구 얌전허니 선생님 같다구. 그려서 내가 이렇게 거울두 보네. 얌전한

가. 근디 몰르겄더라."

"할머니는 할머니가 얌전하지 않은 분 같으세요?"

"응."

"왜요?"

"미련헌 거 같어."

임순은 거울을 내려놓는다.

"예전에 병원에서두 맞은편 환자 여편네, 아주 병원 밥 맛 없다구, 돈만 처받구 대충 준다구 그렇게 불평을 허드만. 그 여자는 워디서 미끄러져서 다리 기부스했더라. 아주 소고기 멀 국두 건더기 하나 없이 소고기 마빡 닦은 물 준다구 해쌌고. 뭐 마빡 닦으면 달븐가, 감사히 먹으면 그만이지. 시끄러웠어. 그래두 그런 사람 하나 있어야 더 잘해주기도 허는 게다. 그런 사람두 있긴 혀야지."

임순은 텔레비전을 켜더니 빨래가 끝나면 느지막이 점심을 먹자고 한다. 나는 임순이 절에서 받아온 콩떡을 먹으며 시간을 보낸다.

달웅이 죽기 한 달 전, 임순은 장롱 문이 탁 닫히는 소리를 들었다. 이내 부스럭부스럭 소리가 나 조심스레 안방 안을 들여다봤다. 달웅이 장롱 앞에 파란 보따리를 놓고 앉아 있었다.

"이거 왜 여기 꺼내놨어?"

임순이 물었다. 달웅은 보따리를 연신 쓰다듬으며 묶인

—

매듭을 풀었다.

"왜 그려, 이거 묶어서 자리에 넣어놓지."

임순은 또 말했다. 달웅은 보따리 안에 든 너부죽한 서류 하나를 들고 방바닥에 놓으며 탁탁 쳤다. 임순에게 이리 오라는 듯 손을 흔들었다.

이 이야기를 할 때 임순은 달웅의 몸짓을 표현하느라 눈을 감고 몸을 뒤로 뒤로 젖힌 채 손으로 창밖을 가리켰다. 이 자세를 몇 번 반복했다.

"나 이렇게 죽걸랑, 그 소린겨. 그렇게 눈 감은 채 땅문서를 탁탁 쳐. 이거, 이거."

임순은 눈을 감고 몸을 그 동작을 몇 번 반복했다.

"'주라구! 이 땅문서는, 종규네 주라구. 잊지 말라구.' 그이가 생전에두 그 땅은 잘 갖고 있다 종규 주야 헌다구 말했다. 그 몸짓을 보니께, 내게 그 말을 하고 있는겨. 이건 아무한테두 말 안 혔어. 그저 내 마음으로만, 그려, 그려……나는 아무 소리 않구 울었다. 그러니께 다가와서 손으루 내 눈물을 닦아주드라. 닦아주마 땅문서를 다시 만지며 창밖을 가리켜. 내가 열 번 생각해봐두 그 뜻인게라."

얼마 뒤 달웅은 누운 채 거의 움직이지 못했고, 임순이 떠 넣어주는 죽만 간신히 받아먹었다. 임순도 기이한 꿈을 꾼 뒤 허리 통증이 도져 간신히 움직이는 형편이었다. 월산리에 길고 검은 차가 나타나고 죽은 마을 사람들이 그 차에서 하나둘 내려 물컹한 고기를 던지는 꿈이었다.

세월 가니께 벨 수 없이

임순이 탈수가 끝난 옷들을 건조대에 펼쳐 넣어놓는다. 흰옷들이 무척 하얗다.

"하얗네요."

"이, 세탁기보덤 이렇게 손빨래 허믄 새하얗구, 옷감이 안 상해서 오래 쓴다."

임순은 새하얀 실크 속바지를 옷걸이에 걸어 넌다.

"이게 말이다, 늬 엄마가 너 낳고 얼마 안 돼서 나헌티 사다준 것이다. 선물로. 너 돌도 안 지났을 때. 빠알간 티 하나하구, 이걸 사다 줬어. 20년두 넘었네. 이게 색이 하얗고 천도 부드러우니 이쁘다. 빨간 티셔츠는 느무 오래 입어서 등패기가 다 틀어져서 버렸다. 이건 아껴서 워디 좋은 디 갈 때만 입구 빨아서 넣어놓으니께 여적 입는겨. 근디, 이것두, 오래돼서 궁둥짝이 다 녹았다. 봐라, 이뻤어. 워디 나갈 때 짧은 치마에 이거를 슬립처럼 입으믄 그렇게 매끄럽고 예쁘니 좋았다. 내가 저번에두 얘 보구 그랬네. 첫 번이는 참 좋아, 내 너를 많이 아꼈는디, 세

—

월 가니께 너두 벨 수 없이 해지는구나……."

"지금도 예뻐요."

임순이 바람 빠지듯 웃는 소리가 들린다. 창밖에서 불어
온 바람에 건조대에 넌 옷들이 살랑거린다. 건조대 옆 소파에
임순이 앉는다.

"워쩌다, 살다가두 헤어지구, 내 마음이 괴로워 생각 말자
허먼서두, 자꾸만……으음, 생각 말자……하면서도오오."

임순이 노래를 시작한다.

"못 잊어서어 아직도오, 생각 난다아. 지금도오오 생각, 난
다아 그때 그으 시저어어얼. 못 잊어어서 내가아아 우우우운
다. 그 시절 그 추억으을 잊지를 못해애애 울고 이이있네에요.
너두 젊어서 이끔은 몰르겄지먼 언젠가는 나와 같은 마음 가
져서 자식들루 연배해서 눈물날 때가 있을 거다. 늦게 깨우치
겄지……워디 가서 살든 건강하게, 건강하게 살다가 가라, 살
다가 가거라……. 워째 인연이 이리 짧은 인연으루 이렇게 괴로
움을 갖게 됐나니. 이부자리 펴줘가마 자라구 쉬라구 그저 마
음으루 아꼈건만. 내 너를 부려 먹으려 한 것두 아니었다, 전
혀……."

임순은 손등으로 눈물을 닦는다.

"이끔 시간이 한 시냐."

"두 시 다 돼가요."

"그러네. 한 시인 중 알었다. 밥 먹을 때두 지났네. 아까 절에서 차 타고 올 때가 한 시 다 되었으니 그럴 만두 허지. 밥허자. 너도 배고프겠다. 한 시가 되든 밥 먹을 때지. 얼마 전에 늬 할아배 제사 지낼 때두 내가 그랬네. 첫 지사니께 준비헐 게 많어. 그거 일찍 할 거 해놓구 시계 보니께 한 시가 됐드라구. 여보 한 시에요……그 말이 나오드라구. 으음, 1년이 가두 그저 생각은 산 사람같이만 느껴지구. 잘 가셨지. 내 마음은 아퍼두, 더 고통받을 일 없으니."

임순은 일어나 주방으로 간다. 미역국을 데우고 반찬을 하나둘 꺼내는 소리가 들린다.

2020년 7월 6일 오후 1시 38분

그날 임순은 오전 열한 시쯤 달웅에게 중물을 먹이고 요구르트를 준 뒤 집 근처 병원에 갔다. 허리 통증이 심해서 주사를 맞지 않고는 움직이기가 힘들었다. 달웅에게 줄 죽과 보리차를 한 번 끓여놓고 병원에 가니 열두 시였다. 대기자가 없어서 금방 주사를 맞았다. 간호사가 물리 치료를 받겠느냐고 물었다. 물리치료실은 늘 사람이 많아 30분 넘게 기다려야 해서 거절하고 약국에 들렀다 집에 왔다.

—

"집에 가니께, 할아배가 야구르트도 안 먹구 고개도 안 움직이구 고대로 누워서 눈만 꿈쩍꿈쩍 뜨고 있대. '화났어, 할아부지? 나 없어서?' 내가 이래두 아무 기적두 없이 눈만 꾸먹거려. '할아배가 시원찮다.' 내가 중물 불 올려놓은 걸 탁 껐어. 시아배 돌아가실 땐 한 두어 시간 숨 가빠서 욕보고 돌아가시구, 시어무니두 한 시간을 가빠서 헐떡거리마, 참 사람이 가래 끓어 죽는가 보다 싶게 야단허구 돌아가셨구. 그런디 늬 할아부지는 가쁜 거 하나 없이 점잖게 드러눠 있었다."

임순이 미지근한 물을 떠 넣어주지만 달웅이 삼키지 못해 그대로 입안에 고였다. 우황청심환 반 숟갈도 넘기지 못했고, 요구르트도 마찬가지였다. 넘어가지 않은 액체가 코로 나왔다. 그제야 임순은 겁이 났다. 이부자리는 임순이 병원에 간 사이 스스로 정리한 듯 깔끔했고, 몸도 일자로 누워 반듯했다. 죽을 사람 같지 않았다.

"'아이, 당신 돌아가실 거 같어. 할아부지, 죽지 말어. 1년만 더 살어…….. 말도 못 허구 이리 가믄 워쩍혀.' 내가 병원서 집에 왔을 때가 한 시가 안 됐었다. 한 시 15분쯤에 할아배가 딸꾹 허시드라구. 끄윽 허는 소리가 나. 죽을 거 같어. 종현이헌티두 연락혔다. '당신 눈 감지 말어, 눈 감지 말어, 죽지 말어. 이렇게 아무도 없이 나만 보구 죽으믄 워쩍혀. 아들, 며느리, 손녀딸 다 있건만 워찌 이리 야속하게 혼자 가실라그요, 눈 좀

말년 달웅

떠……."'

임순이 울며 말해도 달웅은 눈을 뜨지 않았다. 1시 30분에 달웅이 눈을 한 번 떠서 임순을 봤다. 임순은 죽물을 떠서 입술에 발라줬다. 혀끝으로 한 번 물을 핥은 달웅은 다시 눈을 감았고, 1시 35분에 마지막으로 딸꾹 하는 소리가 났다.

"아무도 못 보구……나만 봤다. 내가 숨 거둔 그이 몸을 쓰다듬으마 다리도 주무르고 문질러주는디 그 여자(희숙)가 문을 열구 들어왔어. 기냥 막 울어지드라구. 목소리가 나오마, 안 가실 줄 알았는디 이리 가 버렸다구 눈물을 주룩주룩 흘려가마 울었다. '우짖지 마시오, 어무니. 고생허셨응게 울지 마시요.' 옆에서 그 여자도 눈물 떨구마 말해주는디도 그렇게 울음이 나오데……."

2020년 7월 6일 오후 1시 38분, 달웅이 여든 살 나이로 세상을 떠났다.

임순은 바로 병원으로 가지 않고 119에 사망 신고를 했다. 구급대는 절차대로 사망 경위를 세세하게 물었다. 차갑게 식어가는 달웅의 시신을 옆에 두고 질문에 답하느라 다시 충격을 받은 임순은 장례식이 끝난 뒤 다시 병원에 입원했다. 의사는 임순의 심장과 폐가 말라비틀어져 있다는 진단을 내렸다.

"어찌 그리 짧은 인연으로 만나 이렇게 애끓는 괴로움을 갖게
됐나니."

임순은 노년이 돼 삶의 불가항력을 인정하게 됐다. 운명은
인간의 손을 떠나 있다. 임순은 설움에 젖은 노래를 부르고 난
뒤 눈물을 닦고 새로운 옛이야기를 시작했다.

"사람은 내 맘대로 할 수가 없지. 옛말이 있다. 사람 팔자
는 본인의 몫이라는 그 옛이야기가……."

옛날 옛적에 한 남자가 있었다. 어린 시절 남자는 부모도
가족도 없었다. 남의 집에 머슴살이하며 살았다. 설날에 남자
가 마당에서 길을 내려다보니 남의 집 아이들은 엄마 손 잡고
좋은 옷 입어서 놀러 다니는데 자기는 입성도 먹는 것도 좋지
않았고, 부모도 없었다.

"에이, 내가 살아 뭣해. 죽어뿌려야지."

남자는 그렇게 다짐하고 산길을 걸어 올라갔다. 계속 걸어
가다 보니 길옆에 초분이 있었다. 초분이란 사람이 죽은 뒤 관
을 땅에 묻지 않고 짚으로 두껍게 덮어 묶어두는 임시 무덤이
다. 남자는 산길을 오르느라 지치고 다리가 아파 초분 옆에 기
대어 앉았다. 그러고 있는데 두 사람이 길을 지나가며 떠드는

소리가 들렸다.

"워딜 가는디 이렇게 일찍 가?"

"아이, 여기 아주 머리 똑똑허구 용한 점장이, 사주 잘 보는 사람이 있다 혀서 그거 보러 가네. 나 원제 쟁가갈라나."

남자가 그 말을 엿듣고 나도 언제 팔자 고쳐서 잘살라나 물어봐야겠다고 생각했다. 그래서 두 사람을 몰래 따라가기 시작했다. 한 고개, 한 고개 안 들키게 살금살금 쫓아가니 참으로 으리으리한 큰 집이 나왔다. 두 사람은 그 집 안으로 들어갔다. 나무 뒤에 숨어 있던 남자도 나와 큰 집으로 들어가려 했다.

"아니, 워떤 비렁뱅이가 오노서 남의 문전 앞이 서 있느냐. 당장 묶어내라."

하인들이 추레한 행색의 남자를 발견하고 단박에 야단을 치며 빗자락으로 아주 고약하게 때렸다.

"아이구, 나 워디 사는 사람인디 사주 좀 보러 왔슈. 원제 장가들어서 원제 잘살라나."

남자가 맞아가며 소리쳤다.

"미친 노무 시끼, 너 같은 눔이 장가가 워딨구, 잘사는 게 워딨냐."

여러 명이 달려들어 오도 가도 못하게 아주 후려 때렸다.
하인들이 나자빠진 남자를 빗자락으로 쓸어내는 동안 사주팔자를 보러 온 다른 사람이 대문 안으로 들어가며 두드려 맞는 남자를 보고 말했다.

"워치게 된 집이길래 문 앞에 저런 사람이 빗자락으루 때려서 쓸어내고 앉았는가요."

"무슨 소리요?"

"아니, 이 댁 문 앞에서 하인들이 젊은 사람을 비렁뱅이라구 아주 두드려 패서 못 들어오게 막고 앉았슈."

대감님이 하인을 불러서 소란스러운 이유를 물었다.

"대감님이 원체 사주를 용하게 잘 보시니께, 웬 비렁뱅이 청년이 오노서 장가 원제 들구 원제 잘살라나 물어볼라나 왔시유. 허지만 거렁뱅이가 우리 마님을 감히 볼 수나 있겠느냐, 돈도 없는 놈이 우리 마님 볼 인연이 아니니께 꺼지라구 마구 혼내고 때렸슈."

"그게 누군지 당장 들여보내 보아라."

두들겨 맞은 남자가 들어와 고개를 숙이고 엎드려 말했다.

"직는 옴마 아부지두 어려서 다 여위고 고생스럽게 사는디, 넘들은 명절날 옴마 아부지 손잡고 대니마 때때 고운 거 입구 대니더랍디다. 나는 초하룻날 밥 묵을 디조차 없슴다. 이대로 죽자 생각했지먼 내 인생이 아까워 원제 팔자 펴서 장가가고 잘살라나 알구 싶어 찾아오게 됐십니다."

"으음, 늬 나이도 대보고, 태어난 시도 대보아라."

남자는 태어난 시는 모르고 나이를 댔다. 사주팔자를 적어 살펴본 대감이 하인을 불러 말했다.

"저 너머 큰 사거리 길목에 느티나무가 있다. 이 자를 그 나무 위에 동박줄로 꽁꽁 매어놓아라."

"아니, 이게 무슨 소리요. 저는 장가 원제 드나 물으러 왔는디."

남자는 대문 안에 들어와 반갑게 생각하고 속엣말을 했는데, 이제는 느티나무에 꽁꽁 매여 죽게 생겼으니 큰일이었다.

하인 두 명이 득달같이 남자를 붙들고 커다란 느티나무 앞으로 끌고 가 동박줄로 꽁꽁 동여맸다.

이내 밤이 됐다. 밤새 비가 퍼부었다. 남자는 홑잠뱅이가 얼어 온몸이 덜덜 떨리고 꼭 죽을 것만 같았다. 그러다 빗물에 미끄러져서 밧줄에 묶인 손 하나가 빠졌다. 간신히 느티나무에서 내려온 남자는 무릎으로 땅을 기어갔다. 추위에 떨며 가다가 다시 초분이 나왔다. 짚으로 둥실하게 덮은 초분 속에 발을 넣으니 차츰차츰 녹아 훗훗한 기분이 들었다. 남자는 몸을 움직여 초분 속으로 더 들어갔다. 몸이 녹으니 깜빡 잠이 들었다.

잠결에 어디에서 '후유' 하는 한숨 소리가 들렸다. '이게 무슨 소린가.' 남자는 잠결에 눈을 뜨며 귀를 기울였다. 초분이라 아무도 없는데 산 사람의 숨소리가 들렸다.

"물, 물 좀 주시유."

여자 목소리였다. 남자는 뭔 일인가 싶어 초분 밖으로 나와 주변을 봤다. 아무도 없었다. 다시 초분 속에 들어가니 시체가 하는 말이었다. 초분을 나온 남자는 가랑잎을 하나 따서 빗물을 담아 죽은 여자의 입술에 발라줬다. 여자가 물을 핥아 먹었다. 다시 한 번 가랑잎에 물을 담으려 하니 반듯하게 누워 있던 여자가 옆으로 몸을 돌리고 있었다.

"내가 물을 또 가지고 왔슈. 먹을 수 있간요?"

"몸에 힘이 없어서 직접 먹을 수가 없네. 내 입에 넣어줄 수 있는가?"

남자는 여자의 고개를 젖혀 입에 물을 넣어줬다. 여자가 기운을 차려서 이야기를 시작했다.

"내가, 부잣집 대감의 딸인디, 고약한 병이 걸려 땅속에 묻히지 못허구 이런 초분에 갖다놓았는디, 숨이 끊어지지 않고 살아났슈."

여자는 장질부사라는 고약한 전염병에 걸렸다. 전염병으로 죽은 사람은 봉분을 쌓지 못하는 법이 있어 초분만 만들어 장례를 치렀다. 남자는 여자에게 어디 사는 누구인지 물었다. 들어보니 자기를 빗자락으루 후려 때린 대감네 집이 분명했다.

"전염병 걸린 시체는 여우가 물어간다 그래서 내가 봉분으루 땅속에 묻히지 못해 이리 살아난 것이요. 근력이 하나 없어 움직일 수가 없소."

남자는 등에 업힐 수 있겠느냐 물었다.

"당신이 나를 업고 부축해 갈 근력이 있나유? 나는 한 발짝도 뗄 힘이 없슈."

남자는 여자를 등에 업었다. 등에 업고 느티나무를 지나 산골짜기를 넘어 갔다. 귀한 비단옷을 입은 여자는 자기 성이 조씨라고 말했다. 조 판서가 아버지라 말했다. 여자는 남자에게 경고했다.

"당신은 가면 하인들한테 얻어터져 죽어유."

남자가 다시 한 번 대감 집에 도착했다. 비단옷 입은 여자는 얼굴도 천으로 싸매 거의 보이지 않았다. 하인들은 남자를 보고 아주 야단이 나서 때려 죽이겠다고 날뛰었다.

"나는 죽어두 아무 후회가 없슈. 이, 내, 업은 양반집 따님이나 데려가 대감님헌티 말만 전해줘유."

"워디서 그지 같은 게, 사람처럼 뵈지두 않는 것이 감히 대감님을 찾느냐."

또 후려 때리고 야단을 쳤다.

"후유, 후유."

남자 잠댕이서 여인의 한숨 소리가 들렸다.

"참어라. 참어."

그 말에 하인들이 멈췄다. 딱 한 명만 남자 곁에 가 소리를 귀기울여 들었다.

"내가 이 집안의 따님이다. 이 사람의 은혜를 입어 여기까지 죽었다 살아나 왔는디, 내가 신분을 밝혀 들어가 살았다는 소문이 나면 나두 죽구 너두 죽는다. 그러니 내가 이 집 딸이라 허지 말구, 말을 잘해서 들어가게 해다오."

여자가 남자의 잠댕이에 업혀 말했다. 여자는 죽은 척하며 별 탈 없이 대문 안으로 들어가게 됐다. 들어가니 대청마루에 조 판서 대감이 서 있었다.

"딸 하나가 병으로 죽은 일이 있다. 뉘여봐라."

대감은 말했다. 남자는 등에 업은 여자를 내려놓으며 자기가 이 여인을 등에 업고 오게 된 사연을 이야기했다.

대감님이 혀를 탁탁 치며 여자의 얼굴을 들여다봤다.

"대감님 따님이 틀림없으십니까?"

"틀림없다. 틀림없는 내 딸이다."

대감님이 여자를 감싸 안았다.

"내 잘못이다. 너를 그냥 갖다 묻은 것이 내 잘못이다. 죽지도 않은 너를 죽은 줄 알구 묻으라 했으니, 조금 더 안고 들여다보았으면 그런 일이 없었을 것을."

눈물을 떨군 대감은 하인들을 시켜 목욕물을 받으라 했다. 여자를 씻기고, 남자도 데려다 문질러 씻겼다. 번들번들 새 비단옷을 입히고 과외를 시켜 가르쳤다. 그렇게 남자는 조 판서 집 사위가 됐다. 대감은 사주팔자에 훤한 사람이니 남자의 사주를 보는 순간 운명을 알았다.

"그러니 괜한 남저를 느트나무에 데려가 동여매라 그러지, 뭣허러 그런다니. 초분서 자기 딸을 만나 사위가 되라 한 마음인 게지. 운명을 아는 사람은 바라볼 수밖에 없는겨. 사주팔자는 본인이 직접 그 고상을 치뤄가마, 빗속에 얼어 죽을 고통받으며 치뤄나가야만 허는 것이다."

그렇게 사주란 스스로 바꿀 수도 없고 고칠 수도 없으니, 자기가 고통을 겪어가며 때워야만 삶이 풀려간다는 것이로다.

하늘 천
따 지

같은 날, 8월 22일 일요일 오후, 밥상 위에 놓인 음식은 계란찌개, 미역국, 열무김치, 간장, 무짠지. 아침하고 똑같다. 양파를 다져 넣고 끓인 계란찌개는 자작한 국물에 부드러운 달걀이 무척 맛있다.

"커피 먹을라믄 밥 묵어야 혀. 속에 안 좋으니께 밥 먹구 자시라구 접때 병원서 의사가 말허드라구. 난 밥은 굶어두 커피는 못 굶어. 그르니 밥 한 숟갈이라두 입에 넣구 씹으믄 좋은 거지, 뭐."

임순이 숟가락으로 간장을 떠먹으며 킬킬 웃는다. 나는 계란찌개를 크게 떠서 밥에 비빈 뒤 열무김치를 얹는다.

"예전에 내가 겨란을 양파랑 마늘이랑 파 다져서 양념허구 밥솥에다 넣어서 아궁이서 보글보글 끓으믄, 그 찌개가 맛있다구 애들이 다 좋아해가마 먹었다. 내가 손녀딸 겨란찌개두 해주구 이런 날두 다 있네. 그저 마음만 있구, 영영 없이 갈 줄 알었건만."

"진짜 맛있어요."

"그럼 됐다. 너가 또 원제 올지는 몰르나, 이렇게 왔을 때라두 맛있는 거 해주믄 할미 마음은, 좋지."

밥을 다 먹고 그릇을 치운 뒤 얼마 지나지 않아 커피를 끓였다. 커피가 식을 때를 기다리면서 밥상 위에 놓인 컵을 가만히 바라봤다.

"더운 날에 펄펄 끓는 물로 커피 타놓구 둘이 앉어 쳐다보구 있으니 우습다."

맘이 시원허지가 않어

"할머니, 저희 공부해야 해요."

"무신 공부. 나 헐 거 없어."

나는 일어나 가방에서 책을 꺼낸다. 제목은 '어르신을 위한 손글씨 한글 따라 쓰기.'

"읽는 건 잘하셔도 쓰는 건 어려우시다면서요. 제가 쓰기 공부할 수 있는 책 가지고 왔어요."

내가 책을 한 장 한 장 넘겨 보여주자 임순이 벽에 기대앉아 커피를 마시며 허허 웃는다.

"아, 읽는 것두 잘허는 건 아니구, 기양 소리 내 읽으믄 뜻은 알 수 있단 거지. 나두 공부허구 싶었지만 시간두 없었다. 느이 할아배 수발허구, 병원 가 입원해 있느라. 인저 네가 나를 찾아와 이런저런 헐 말 못 헐 말 다 털어놨다. 내 속에 있는 말을 많이 혔지. 그래두 내 이 맘이 시원허지가 않어. 가슴에 꽉 차 있는 이게 아직 사라지질 않는다."

"그건 써야 해요."

—

"이, 써야 돼. 쓰는 재미랑 취미를 내 머리에 집어넣으마 부처님 앞에 스스로 말헐 수 있으야, 그래야 이 속이 시원헐겨. 나두 안다만, 그때가 원제가 될런지는 몰르겠다. 허허."

"금방 할 수 있을 거예요. 제가 책 갖고 왔으니 이제 연필만 있으면 돼요."

나는 일어나 연필과 지우개를 가지고 와서 밥상 위에 책을 펼치고 임순을 부른다.

"아이구, 나 안경 써야 혀."

임순이 일어나 서랍에서 돋보기안경을 꺼낸다. 첫 장을 펼치고 천천히 살핀다.

"내가 입만 살었지 뭐 총기나 하나 있간."

"할머니 총기 많으시잖아요. 기억력도 좋고."

"에이그, 음, 모든, 항동에는, 준비, 자세가, 있습니다."

임순이 책을 천천히 읽어간다. 글씨 쓰기의 자세를 설명하는 장이다.

"글, 씨를 쓸, 때도, 운동을, 시작, 헐 때와, 같이, 준비, 자세가 필, 요, 합니다."*

"잘하시네요."

"감, 갑, 자기, 운동을, 허면, 근육이, 음, 뭉치거나, 긴장허

---

* 시사정보연구원, 《어르신을 위한 손글씨 한글 따라쓰기》, 시사패스, 2020.

여, 다치기, 쉬운, 것과, 같이, 글씨를, 쓸, 때두, 바른 자세, 로, 앉아서. 허리 피구 똑바루 앉어 운동허는 마음으루 글 쓰란 얘긴갑다."

글씨 쓰기의 자세가 끝나자 연필로 소용돌이, 직선, 별 모양을 그리는 장이 나온다. 임순은 신중하게 선을 긋는다. 다음 장은 모음자를 하나씩 쓰는 연습이다. 부처님에게 편지를 석 장 쓴 일을 생각하면 난이도가 낮은가 싶지만, 임순은 차례로 빠짐없이 하고 싶어한다. 임순은 기역을 쓴다.

"다음은 니은이에요. 할머니, 곧게 잘 쓰셨어요."

"인제 다 했다구 허자. 공부 다 했다구 허자. 나 혼저 노력헐게."

이런 말을 하고서 임순이 깔깔 웃는다.

"아이, 지금 공부 시작한 지 15분밖에 안 됐는데 무슨, 30분은 해야죠. 안 돼요, 디귿 써봅시다. 할 수 있어요. 사람이 혼자 있으면 공부 안 한다고요."

"아이구, 이거 다 내가 썼다니."

"네, 진짜 잘 썼죠. 조금만 더 해봐요."

"그려, 니가 내 선상님이다."

임순은 다시 천천히 공들여 디귿을 쓰기 시작한다.

"공부두, 아주 호랭이같이 무셔운 선상님이 옆에 있어가, 그 집서 먹구 자구 허믄서 겁먹어가마 혀야 공부허지, 혼저서

—

하늘 천 따 지

는 되지두 않는다. 이 꼬부랑대(돋보기) 붙잡구 책상 앞에 앉어봐야 잠 와서 꾸벅꾸벅 졸구, 잊어버리구, 늙어 공부가 어렵다. 할아배가 나를 글 몰른다구 핀잔주구 잔소리혔으믄 바뀌었을라나. 늬 할아배가 나는 고상 안 시킬라구 아껴주구 감싸주구, 그걸 믿구 사니께 할아부지 없을 때 전기세랑 관리비 내러 다니마 고상혔네. 바쁘단 핑계루 공부 않구 편히 산 내 죄가, 다 죄다."

"그게 왜 죄예요. 시간이 없었던 건데."

"으음, 이게 뭐다니, 작대기 여러 개 있는 거."

"리을이요. 라디오 할 때 리을."

"젊은 애들처럼 손이 잘 안 움직여. 늙어서 그런 거 같다."

"안 해봤으니까 그렇죠."

"그렇지? 좀 밉게 쓰면 또 어떻다니? 옛날에 십자수 놓는 거 보덤 어렵다. 공부가 이렇게 어려운 중은 물렀네."

어느새 글씨 쓰기가 두 장을 넘겼다. 임순이 손에서 연필을 내려놓고 이야기를 시작한다.

담배씨 서 말

"후우. 그게 있다. 옛날에, 이야기. 옛날에 워떤 임금님헌티 아들이 하나 있었어. 걔가 공부두 않구, 무진 놀러만 대녔다. 그려서 임금이 하인을 불러서 담배씨 서 말을 구해오라고 시켰다. 담배씨가 여간 잘으냐. 아주 가루같이 작어, 씨가. 하인이 '아이, 임금님. 담배씨 서 말이면 숱허게 많은디 그걸 워디 쓰려구 구해오라고 허십니까' 물었댜. '하두 공부 않구 놀러대니니께 담배씨를 세어보게 시키려 헌다. 6개월을, 한 말에 2개월씩 해서, 6개월을 셀 시간을 주고 시킬 테니께 가서 구해오거라.' 임금이 말했댜. '참, 담배씨 서 말 구허기두 어렵지먼은, 그런 벌을 되련님께 주신다 허믄 안 되는 일이요.' 하인이 또 말했지.

임금이 그러니 하인은 내키지 않아도 가서 구해왔지. 하인이 담배씨 서 말을 되련님 앞에 갖다놓으마 말했댜. '도령님, 이게 뭣인지 아시요.' '몰르죠. 뭐간요.' '담배씨요. 하두 공부 않구 매양 돌아만 대닌다구, 임금님이 이걸 세야 되련님이 꼼짝 않구 방안에 들어앉아 있을 거라 허셨십니다.'

하인 말에도 아들이 계속 나돌아대녔다. 6개월 기간 준 게 한 달뿐이 안 남아서 하인이 걱정을 했지. 한 15일 남았을 때 아들이 방문을 열구 숟가락이랑 저울이랑 담배씨를 달라구 허드라. 숟가락에 담배씨를 가득 얹어서 저울에 달믄, 숫자가 나올 거 아녀. 아들이 그 숟가락 안에 있는 담배씨만 셌디야. 그건 쉽잖니. 그다음에 서 말을 자루 채 달믄, 계산하믄 되잖니! 아이, 담배씨 다 셀 필요 없이 월마나 편허니! 그려서 아들이 일주

—

일 만에 그 담배씨 개수를 각단을 냈댜. 임금이 아들헌티 졌지."

"오, 똑똑하네요."

"이, 그니께, 임금 아들처럼 물리, 천재를 가진 사람은 쉽게 쉽게 허지먼, 이런 돌대갈은 공부두 심들다, 이 얘기다. 하하."

임순은 잠시 쉬고, 나는 조금 남은 커피를 다 마신다.

다음 생엔 남자로 태어나구 싶다

"할머니는 다시 태어나면, 뭐가 되고 싶으세요?"

"나는 태어나고 싶지 않어. 항상 글자를 몰러 아이구 답답허구 어둡게 살으니께. 나는, 참, 부처님 보람 있이 살지두 못했구, 내 모름에, 어두움으로 살어서 항상 괴로워요. 자신이 없구, 내 자신이, 육신이 미워요. 왜 태어났나, 이 말은 못 허구, 그저 태어났음이 업보다 생각허구 삽니다, 이 말두 부처님헌티 했다. 다음 생 없이 아무것두 아닌, 이 세상에 한 번 가믄 영원히 가버리는, 마지막 길을 가고 싶은디, 또 절에서는 그것두 내 맘대루 안 된다 허대. 죄짓구 살믄 모기, 파리 이런 걸루 태어난다구."

"할머니가 할머니 그대로 다시 태어나는 거야. 외할머니네에서."

"나로 다시? 첨부터?"

임순이 웃는다.

"그러믄 공부를, 워딜 가나 어둡지 않게 내 말을 내 손으루 썩썩 써내는, 언변이랑 조리 있는 생각도 갖춘, 그런 사람이 되구. 내가 고르게 해줄지는 몰르나, 헐 수만 있다믄, 다음 생엔 남자로 태어나구 싶다."

"그럼 그때도 다시 할아버지 만나서 같이 살고 싶으세요? 할머니가 많이 배우고, 언변도 좋은 사람이 된다면."

"지금두 보고 싶구, 같이 있구 싶은 마음이 가져진다. 사랑스런 마음이 조금두 물러나질 않여. 허지만 내가 말허잖니. 나처럼 부족헌 사람으루 인해 똑똑헌 사람 더 멀리 가지 못허구, 고통받다 가셨으니, 감히 내가 더 따라간다구 말헐 수가 없다구. 나보덤 좋은 배필 만나서 다음 생은 즐겁게 사시라구. 나처럼 어둡고, 못 배운 사람들이 가는 저승은 또 따로 있겠지. 내가 빨래 허구, 요리 허구, 청소는 잘허는디, 염라대왕이 그런 사람을 워따 쓰겠니."

"저승도 청소는 해야죠. 할머니가 얼마나 많은 일을 하셨는데요."

"허허, 내 속의 말을 쓰지를 못허니 부처님 앞에 내 말을 몇 자라두 적구 가야지."

임순이 픽 웃는다.

"너 또 원제 올라나?"

—

"글쎄요, 슬슬 책 원고를 시작해야 하니까 다음 주는 바빠서 못 올 것 같아요. 저번에 얘기한 대로, 할머니 이야기를 제가 쓰는 거요."

"내 말을, 네 뜻이루 써서 낸다구?"

"네."

"인제 나는 남은 거 없어. 다 말했다."

"지금까지 해주신 이야기로도 충분해요."

나는 웃는다.

"그럼 인제 안 오냐?"

"아뇨, 할머니. 계속 올 거예요."

임순은 천천히 고개를 끄덕인다. 입맛을 한 번 다시더니 갑자기 종현이 하는 고생과 빚 걱정을 푸념하려 한다.

"자자, 15분만 더 공부해요. 이제 미음 씁시다."

"예, 선상님. 그러자. (책을 들여다보며) 늬가 미음이냐. 작대기가 네 개가 꽉 닫혔네."

임순은 신중하게 글자를 쓴다. 말없이 쓰는 동안 창밖에서 매미 우는 소리만 들린다. 이응까지 쓰고 나서 임순은 잠시 쉰다. 공부 시간이 30분을 넘어가고 있어서 책의 마지막 부분을 펼친다.

"할머니, 모음은 여기까지 쓰고, 저희 오늘이 공부 첫날이니까 이거 먼저 써볼까요."

"이게 뭐냐. 으음, 자기, 소개."

"자기소개 칸이에요. 이건 할머니 책이니까 여기다 이름이랑 할머니 소개를 쓰는 거예요."

"내 이름 쓰라구, 여기에? 내, 이름. 유, 임, 순. 나허구 할아배 이름은 안 보고 쓴다. 딴 걸 못 쓰지."

"다음은 취미예요. 할머니가 취미로 하는 일."

"취미는 그냥, 무취미여. 무취. 아주 암것두 몰르는 무취. 하하."

"그럼 무취라고 쓸까요? 뭐든 괜찮아요."

"그건 아주, 몰르는 거여. 몰러."

"그럼 '모름'이라고 씁시다."

임순이 고개를 끄덕이며 천천히 글씨를 쓴다.

"모, 름."

"다음은 좋아하는 색깔이에요."

"색깔은, 음, 빨강. 근디 나 '빨' 자 못 써."

"제가 알려드릴게요. 빨강 씁시다."

"빨, 강."

"이제 꿈. 할머니 꿈을 씁시다."

"꿈. 늙어서 인저 꿈두 다 포기허구."

"옛날에 가진 꿈도 좋고, 간단하거나 작은 것도 좋아요."

"음, 글쎄……좀 알어져서 어둡잖게 살다 가구 싶은디."

—

"그럼 공부?"

"공부가 제일 중허지."

"그럼 꿈에다가는 공부 씁시다."

"공, 부. 어린애 된 것 같으다. 허허."

좋아하는 물건은 '건강', 좋아하는 사람은 '성실, 백성'이라고 쓴다.

"이제 마지막! 좋아하는 글이에요."

"글, 글이라믄 다 소중헌 마음이 가져지구, 뜻을 몰러서 뭐가 좋은지는 몰른다. 풀이를 못 허니께."

"할머니 불경도 잘 읽으시잖아요. 항상 읽고, 좋아하시는 글, 뭐든 좋아요."

"으음……옛날이는, 하늘 천 자를 한문으루 써보기두 허구. (노랫소리) 하늘 천 따 지, 검은 현 누를 황, 집 우 집 조, 넓은 원 거친 현, 날 일 달 월, 찰 영, 이제 그걸 다 잊어먹었네."

"엄청 많이 기억하시는데요."

둘 다 깔깔 웃는다.

"좋아하는 글 뭘로 쓸까요. '하늘 천' 쓸까요?"

"나 한문 못 써."

"한글로 쓰면 되지. 하늘, 천."

임순이 연필을 만지작거린다.

"옛날에 내 할아부지들이, 서당에서 학상들 모아놓구 탕

나를 소개합니다

이름: 유임순

주소:

나의 취미 : 모름

좋아하는 색깔: 빨강

나의 꿈: 공부건강

좋아하는 물건: 성실백성

좋아하는 사람:

좋아하는 글: 하늘천

탕탕 책상 쳐가마 가르치는 거 문밖이서 가만히 들으며 따라 하기도 했겄만. 여자들은 공부허믄 여수가 된다고 아부지가 그려서 '사람이 워치게 글 안다구 여수가 돼요?' 묻기두 혔지. 절에 스님 보구두 내가 말했다. '나는 공부를 못 혔슈.' 그렸드니 스님이 '이, 보살님, 눈 좀 딱 뜨구 샛바닥(혓바닥) 좀 내밀어보요' 그려. '왜요, 내 눈이랑 새에, 공부가 그려져 있나요?' 내가 샛바닥을 내밀으니께 스님이 '이, 할아버지들이, 보살님이 여수 될까 붙잡아둔 이유가 거기 붙어 있슈' 그러드라구."

"글을 안 가르친 이유가 혀에 붙어 있다고요?"

"이. 그 말을 혼저 생각해보니께 내 언니, 동상들은 핵교 대녔잖니! 나만 안 보낸 이유가, 으른들이 나는 글 갈치면 걷잡을 수 없이 크게 될라구, 야단허구 나갈 승질이 있기 때문이 미리 주저앉힌 건가벼. 그냥 글만 아는 게 아니라, 그거 가지구 내 헐 말을 아주 쏟아낼 성질이 내 안에 있었는가벼. 글 알면 엄청 대단한 사람이 됐을 건가벼. 한문 읽는 소리가 참 좋았어. 읽는 글 자체가 목소리도 노래식이루 잘 들리게 부르마, 아야배들 거기 오노서 배우고 가던 게 연태두 눈에 보인다."

임순이 글씨를 쓴다.

"하, 늘, 천. 애기가 된 것 같아. 히."

탄생에서 죽음까지, 세 여자의 사랑

1.

8월 22일부터 임순에게 자주 가지 못했다. 주중에는 일하느라 시간이 없었고, 주말에는 집에 틀어박혀 종일 녹취록을 풀었다. 그렇게 한 달이 갔다. 그사이 추석을 지냈고, 두어 번 종현 집에 다녀오고 임순 집에서 밥을 먹었다. 매일같이 책상 앞에 앉아 녹취록 풀기와 원고 쓰기로 골머리를 썩이는 동안, 임순 과 주변 인물들에게 몇 가지 변화가 있었다. 함께 임순 집에서 밥을 먹고 온 날, 아파트 주차장을 걸어가며 종현이 말했다.

"지금까지, 할머니 말이 다 맞았고 내가 틀렸는지 몰라. 그 냥 그런 생각이 들어."

'나는 할머니가 미워'라고 하던 종현의 감정은 꾸준히 달 라졌다. 얼마 지나지 않아 '할머니가 밉지는 않아'라고 했고, 같이 고구마를 캐면서 물총새 주둥이가 길쭉한 이야기에 낄 낄거릴 때는 '할머니는, 사랑스러운 분이지'라고 했다.

종현이 사는 집을 임순이 찾아갔다. 어느 날 종현이 마당 있는 집에서 혼자 산다는 정보를 얻은 임순이 내게 전화했다.

"너 나헌티 쇡이는 거 있지?"

나는 깜짝 놀랐다. 굳이 거짓말을 할 필요가 없어서 종현이 사는 주소를 알려줬다. 임순은 종현이 겨우 30분 떨어진 곳에서 2년째 혼자 살고 있다는 말을 해주지 않은 사실에 서운해했지만, 놀라지는 않았다.

"아빠, 내가 할머니에게 아빠 집 주소 알려주고 자주 다니시라고 말했어요."

"괜찮아. 나도 좋아."

지금 종현과 임순의 사이는 평화롭다. 고된 세월의 풍파를 지나 서로 혼자 남은 점, 가정 자체가 와해돼 가정 내 자원과 지위를 둘러싼 전투가 끝난 상황, 결국 함께 의지하고 늙어갈 사이라는 현실을 모자는 어느 정도 받아들였다.

이제 임순은 일주일에 5일 정도 종현하고 함께 있고, 이틀은 아파트에서 지낸다. 비닐하우스와 밭에 온갖 작물을 심어놓고는 직장에 다니느라 관리하지 못해 너저분하던 종현의 주변도, 쉴 새 없던 종현의 일상도 더 나아졌다. 집이 무척 깨끗해지고, 밥도 잘 챙겨 먹는다. 먼 곳에서 종현의 1인 가구 생활을 염려하던 내 마음도 한결 편하다.

임순도 조금씩 달라지고 있었다.

"저번에 할머니가 처음으로 말하더라."

"뭐라고요?"

—

"옛날에 해인이가 할머니한테 그랬대. 엄마는 엄마 인생이 있고, 아빠는 아빠 인생이 있고, 저는 제 인생이 있는데, 할머니가 왜 옆에서 자꾸 그렇게 말을 하시냐. 이제 와 생각해보니 그 애 말이 꼭 맞다. 할머니가 처음으로 그 말 하더라."

80년 동안 대쪽같이 유교 가치관만을 고집한 임순을 생각하면 고무적이다. 임순이 처음 해인이 하는 말을 인정한데다가 스스로 생각해서 개인주의 가치관을 받아들인 덕분이다.

나와 임순과 종현이 마주 앉아 족발에 소주를 먹은 어느 날, 종현은 일찍 들어가 눕고 둘만 남은 때 임순이 말했다.

"이끔까지는, 할아부지(달웅) 생각만 하믄 가슴이 아펐어. 그냥 가슴이, 아펐어. 그런디 저번에 잠이 안 와 혼저 누워 있는디, 그 생각이 들어서 일어나 앉었다. 음, 뭐냐믄 나두 글 배워서 공부허구, 당신 출세시킬 수 있을 먼큼, 그런 성공헌 사람이 되어서 저승 가보겠다구. 그래서 우리가 다시 만나게 된다믄, 그때는 고통받지 말구, 증말 신나게, 즐겁게 출세해가마 살어보자구. 이제는 나두 시간이 생겼으니, 내가 공부혀 세상 돌아가는 이치를 알게 된다믄, 다시 한 번, 당신이랑. 그때까지 극락세계 천국에서 복되게 지내시유. 거기는 즐거움에 취해 날짜가 원제 가는지, 하루가 원제 가는지두 모르는 곳이라더먼. 그곳에서 당신 시간두 세상두 잊구, 이제는 그저 즐거움에 취해 사시요."

임순은 자기의 욕망이나 바람을 한 번도 드러내지 않았다. 언제나 자식이나 남편, 가족을 앞세웠다. 특히 달웅에 관한 이야기는 언제나 죄책감에 결부돼 있었다. 내가 더 파고들려 해도 자기가 부족하고 죄가 크기 때문에 뭔가를 주장할 수도 없고 바라지도 못한다는 체념 말고는 더 말하지 않았다.

이 대화에서 임순은 처음으로 죄책감이 아닌 방식으로 달웅에 관해 말했다. 다른 누구도 앞세우지 않고 자기의 포부와 바람을 드러냈다. 미미할지 모르지만, 내가 가장 찾아내고 싶던 모습, 순전히 자기만을 위해 뭔가 원하는 임순을 발견한 순간이었다. 임순은 요즘 '퇴깽이처럼 밀짚모자 쓰고 아들 밭 매주느라' 공부할 시간이 없다고 한다. 목소리에 생기가 돌고 뿌듯함이 스며 있다.

처음 찾아간 날 임순은 텔레비전을 틀어놓고 멍하니 앉아만 있는다고 했다. 아무도 오지 않으니 날짜 가는지도 모르고 산다고 했다. 지치고 외로워 보였다. 이제 임순은 종현 집 마당에 앉아 깨를 널어놓느라 바쁘다. 여전히 너저분하게 사는 종현이 불만이고 허리도 아프지만, 임순은 덜 외로워 보인다. 나는 그 정도면 충분하다. 행복해지는 일.

이런 일이 벌어지는 동안, 내 휴대폰에는 부재 중 전화가 50통 찍혔다. 카페를 박차고 나온 뒤 완벽하게 연락을 끊은 도희가 건 전화였다. 51통째에 전화를 받았다. 이날 도희는 내

—

가 한 번도 듣지 못한 이야기를 했다.

"나는, 딸이 많은 집에서 자랐으니까, 외할머니가 아들 못 낳아서 쩔쩔매고, 아들 생겨서 떠받드는 모습을 보고 컸어. 그러니까 그 차별이 너무 싫었어. 결혼하고 나니까, 은수가 너랑 동갑인데 너보다 먼저 나왔지. 할머니가 항상 나한테 아들 바라는 게 있었어. 대놓고 말하는 분은 아니지만, 할머니랑 있다 보면 내 그 아들 없음의 상처가, 엄청 컸어. 말은 못 해도 늘 상처를 받았고, 명절이 너무 싫었어. 힘들었고, 가고 싶지 않았어.

너 임신했을 때 아들인 줄 알았어. 점집 가서 물어보고 한의원에 맥 짚으러 가도 다 아들이라 그랬으니까. 그런데 딸인 거야. 네 언니 때는 딸을 원해서, 딸이니까 기뻤지. 근데 너 때는 노력해서 아들을 낳아보고 싶었어. 의사는 내가 아무리 졸라도 절대 안 알려주는 거야. 9개월 때 알려줬는데, 떼지도 못하고 낳아야지. 그렇게 스쳐간 순간이 전부 나한테 한이야. 할머니에게도 한이 있겠지. 나도 이게 내 트라우마야, 늘.

이런 얘기를 너한테 하고 싶지 않아. 그 당시를, 다시 되새기고 싶지가 않아. 난 네가 딸이어도 너무 사랑스럽고, 너무 귀한 내 자식이야. 그런데 너를 낳고 병원에서 할머니 얼굴을 보는데, '다음에는 아들 낳을게요' 하는 그 말이 저절로 나오는 거야. 할머니한테 죄책감이 들고 너무 미안한 거야. 대체 왜? 그 말을 한 내가, 그 감정이 들게 한 할머니가 전부, 너무 싫고

원망스러웠어. 너를 너무 사랑하는데, 왜 내가 너를 온전히 사랑하는 마음을 못 갖게 하는 건지, 그 분위기가, 할머니 시선이, 내가 한 말이, 모든 게 견딜 수가 없었어. 할머니 의도가 그렇지 않았다고 해도, 난 잊을 수가 없어. 그래서 나는 꼭 너희들을 지켜야지, 지켜줘야지, 다짐한 거야. 네 말 다 맞아. 나도 알아. 할머니 선산 가는 거, 사실 아무것도 아니야. 내가 억지 부렸어. 하지만 나는 말이, 너만큼 배우지 못해서, 말이 잘 나오지 않아. 내 안에 상처가 있어. 그걸 표현할 수가 없으니까, 나도 모르게 이렇게 욱하고, 마구잡이로 표출이 되는 거야. 어떻게든 표출되지 않고는 또 살 수가 없어. 이게 내 한계고, 결함이야. 너처럼 많이 배우고 많이 읽었으면 더 잘 말할 수 있었겠지. 그런데 그렇게 살지를 못했어. 하루 사는 것도 너무 힘들었어. 이런 얘기 하기 싫어. 너한테는 더 하고 싶지 않고. 난 네가 이런 거 다 몰랐으면 좋겠어. 너는 세대가 다르잖아. 너는 겪지 않을 일이니까, 그냥 나만 겪고, 내 속에, 땅속에 아주 영영 묻어버리고 싶었어. 나한테는 이게 지금도 너무 큰 상처고, 힘들어. 말하면서도 피가 흐르는 것처럼 아파. 아무한테도 말하고 싶지 않아. 그래도 너니까, 네가 물어보니까, 해주는 거야. 네가 알아야 할 건 단 하나야. 사랑한다는 거. 할머니도, 나도, 아빠도, 모두 다 너를 사랑하는 마음을 가지고 있다는 거. 언제나 그걸 가지고 산다는 거."

—

전화를 끊고 두 시간 정도 지났다. 몇 가지를 깨달았다. 눈물이 줄줄 나기 시작했다. 내리 열 시간 동안 눈물샘이 닫히지 않은 채로 책을 읽고, 글을 쓰고, 새벽 청소 아르바이트를 다녀온 뒤, 커피를 마셨다. 먼저 깨달은 사실은 우는 일이 무척이나 기운 빠진다는 것. 턱도 아프고, 목도 마르고, 귀도 아프고, 참으로 못할 짓이었다. 오래 우는 일이 이렇게 고되다니, 사람 울리면 안 되겠다.

다음은 누군가에게 지난 삶을 떠올리는 일은 그것 자체로 상처라는 사실을 깨달았다. 말하기는 상처를 다시 들추는 일이고, 견딜 수 없게 아프기도 했다. 임순이 아는 일을 나는 모르고 내가 아는 일을 임순은 모르는 불협화음이 내재한 상황에서 임순은 언제나 내 물음에 대답해줬다.

상처 속에서도 뭔가를 건네는 일, 그러니까 이야기하는 행위가 사랑이 될 수 있다는 사실을 알지 못한 탓에 내 인터뷰는 순전히 이기적인 동기가 숨어 있었다. 나를 확인받고 싶은 마음이었다. 임순이 기억하는 나, 임순에게 내 탄생이 지닌 의미, 임순이 성장하는 나를 보면서 느낀 감정을 말이다. 그 감정이 애정이라는 사실을 확인할 때 나는 기뻤다.

내 가족은 더는 서로 감당하지 못하고 뿔뿔이 흩어져 각개 전투를 하지만, 임순이 들려준 이야기에는 모든 일이 괜찮은 시절이 있다. 한때는 정말로 사랑이 있었고, 아직도 남아 있었다. 내가 사랑받는 존재라는 사실을 계속 확인받고 싶어하는 마음을 임순은 알고 있다고 생각한다. 종현도 도희도. 모두 자꾸만 상처를 캐묻는 내게 최선을 다해 이야기했다. 이야기를 듣고 편집하고 생각하는 일이 그다지 힘들지는 않았다. 내게 삶은 이야기할 만한 거리이지 말문이 막힐 만큼 살갗 속에 꼭 꼭 눌러 담는 고통은 아니었다. 나는 다행히 괴로움을 그저 짐작만 할 만큼 안전한 자리에 있었다. 임순과 나 사이의 거리야 말로 내가 세대를 거쳐 건네받은 전략이었다.

도희는 나와 언니에게 무지와 거리감이라는 결실을 줬다. 절대 희생하지 말고, 연연하지 말고, 더 멀리 가야 한다고 했다. 그러나 얼마나 멀리? 우리들의 삶이 이렇게 굴러온 이유를 사랑으로 설명하면 충분할까?

도희가 내린 결론인 사랑은 동등한 상대를 향한 존중과 애정이 아니라 강한 애착과 욕망이었다. 자기가 살지 못한 삶을 자식을 통해 대리 실현하려는 집착은 어디까지 허용할 수 있을까? 여전히 아들을 향한 열등감이 끓어오르고, 장남이라는 종현의 지위를 이용해 임순에게 경제적이고 감정적인 희생을 요구하고, 자기 '진심'을 알아주기는커녕 지독한 사람으로 취급하는 딸 둘을 향한 애증으로 괴롭다. 사랑이라는 단어가 이 모든 분열적 감정을 뭉뚱그릴 수 있다면, 그 단어 아래 벌어진 일들을 다른 시각에서 성찰할 수 없다는 말이기도 하다.

—

존중과 책임이 결부된 감정으로 사랑을 새롭게 정의하지 않는다면, 도희는 자기 인생과 자식에 관한 마음을 정리할 때까지 오랜 시간이 걸릴 듯하다. 고등 교육을 받은 여성도 가족과 희생이라는 수렁을 피할 수 없었다. 여성이 독립된 삶을 살 사회적 기반이 없는 세상에서 가정 관계를 동력으로 자아를 형성한 도희의 삶에는 좌절된 욕망과 분노가 뒤엉켜 있다.

나는 온양의 이름 모를 산부인과 의사 덕분에 태어났다. 도희 성격을 감안하면 의사 옷깃을 잡아도 열두 번은 잡았을 테다. 그토록 닦달해도 의사가 고집스럽게 입을 다문 덕분에 내가 태어날 수 있었다. 사실 도희가 숨겨온 상처를 나는 자라면서 여러 번 들었다. 처음에는 놀라고 억울했지만, 시간이 지나면서 가부장 사회에서 여성에게 자식이란 중요한 전략이자 사회적 욕망을 실현하는 대리물이라는 사실을 깨달았다. 이제는 오히려 이혼한 지 10년이 되는데도 여전히 상처와 울분을 토하는 집요함에 놀란다.

중년의 도희가 자식을 향한 사랑과 분열적 감정을 연료로 불타오르는 동안 노년의 임순은 사회가 호명한 가족 사랑을 더 통찰력 있게 말했다. 종현에게 물었다.

"할머니가 가장 사랑한 사람이 누구라고 생각해요?"

"당연히 나지! 네 할아버지보다 나를 더 좋아했다. 내 말이라면 껌뻑 죽었어."

임순에게도 같은 질문을 했다.

"이, 나는 뭐, 넘들이 결혼하믄 남편 섬겨야 헌다구 말해서 남편 끼구 살았구, 시부모 섬기라 혀서 시부모 수발했구, 자식 낳으믄 자식 챙겨야 헌다 그래서 자식 챙겼구. 어릴 때는 애기들 이뿌니께 남편보덤 더 이뻤지믄, 수염 나구 크면서는 나가서 살 때 부모가 돈 줘야 애들 산다구 허니께 줬구. 넘들이 그렇게들 말허니께 그 말대루 혔다. 내가 나가 활동을 혔나, 사람을 많이 만나 손이라두 잡아봤나. 배우지 못허구 시키는 대루 살았으니 사랑이라고 허는 그런 감정, 내 마음이 먼저 동해 사랑허구 그런 건 없었어. 허허."

임순이 '사랑하는 마음'을 가지고 있다고 한 번이라도 말한 사람은 단 둘이었다. 달웅과 나. 나는 사랑보다 애정이라고 생각한다. 달웅이 남편이라서 사랑하지는 않았다. 굳이 말하면 남편인데도 임순의 마음을 알아준 사람이기 때문이었다. 달웅은 누구도 알아주지 않는 여성의 의무를 다하면서 살아가는 괴로움을 알았다. 나도 똑같다. 손녀라서 나를 사랑하기보다는 그런 마음을 알고 잘 들어준 사람이기 때문이었다.

도희하고 다르게 임순은 늘 사회가 지우는 의무하고 구분되는 자기만의 감정을 알고 있었다. 자아를 형성할 기본 수단조차 없었지만, 입도 열지 못한 채 고된 삶을 감내하는 동안에도 독립적이고 이성적인 정신을 잃지 않았다. '그냥 사랑하지

—

않음'은 꺾이지 않는 자아의 발현이었다.

삶에서 정말 중요한 일들은 이야기의 이면, 말로 전할 수 없는 영역에서 벌어진다. 질문이 남는다. 상대적으로 안전한 자리에서 앞선 시대 여성의 삶을 본 사람은 무엇을 할까? 내가 들은 이야기를 이어받아 나는 또 어떤 이야기를 만들어낼까?

2.

임순이 겪은 삶은 무엇이었을까. 처음부터 임순은 자기 삶에 대단한 요소는 없다고 말했다. 이야기를 듣는 내내 나도 기대만큼 파란만장하거나 역사적이지 않다고 생각했다. 임순의 삶을 역사의 한가운데에 놓을 수 없었다. 국가 폭력의 희생자도 아니었고, 바깥에 나가 뭔가를 많이 보거나 활동한 사람도 아니었다. 임순을 타고 이어지는 가족사에 좀더 집중할 수밖에 없었다. 이런 생각은 기사 하나 때문에 완전히 바뀌었다.

한국전쟁 때 태안군에서 대규모 민간인 학살 사건이 있었다.* 1950년 인민군에 부역한 혐의로 태안군 20개 지역에서 민간인 1865명이 군경에 희생됐다. 진실·화해를위한과거사정리

* 권오성, 〈서산·태안 지역 1865명 최대 민간인 학살〉, 《한겨레》, 2009년 1월 16일.

위원회가 규명한 단일 사건 중 최대 규모다. 학살이 일어난 장소에 근흥면 두야리와 용신리, 소원면 송현리가 있다. 두야리와 용신리는 임순의 친정이고, 송현리는 임순의 시집인 월산리의 현재 지명이자 종현이 태어난 고향이다. 이 글을 마무리할 무렵까지 이 사실을 전혀 알지 못했다. 누구도 말해주지 않았다. 왜 그랬을까? 70여 년이 지난 지금도 기억을 파헤치지 않으려 할 만큼 불안하고 두려운 탓이라고 짐작할 뿐이다.

개인의 삶은 얼마나 역사에 연결돼 있을까. 임순의 삶, 종규의 과로사, 종현의 비정규직을 전전한 노동의 역사, 도희의 자식을 통한 계층 상승 욕망에서 이혼까지, 사회적 사건, 정치 체제, 구조적 억압, 이데올로기가 개인의 삶의 경로와 죽음을 어떻게 좌우할 수 있는지 생각한다. 운명이 아니라 역사와 사회 구조가 개인의 선택과 행불행을 이끈다는 사실을 무시할 수 없다. 남자들이 총과 대창에 우수수 스러지는 시대가 지난 뒤 일하다가 하나둘씩 사라지는 시대가 오고, 여자들이 살기 위해 집을 나가는 시대가 도래한 걸까? 모든 일이 동시에 벌어지고 있는지도 모른다. 임순부터 나까지 모두 각자의 현실을 살아가고 있지 않은가.

대규모 학살이 벌어진 이유는 복잡했다. 처형 과정에 깊숙이 관여한 치안대가 자의적으로 처형 대상자를 선별했다. 보복 심리가 크게 작용했다. 사람들은 서로 고발해 죽이려 했다. 임

—

순은 한국전쟁 때 사람들이 어수룩하고 미련하더라고 말했다. 정말 그럴까? 어수룩한 사람들이 이웃을 죽음으로 몰아갈 수 있었을까? 내부 고발과 죽음이 이어진 마을에서 보낸 유년기는 임순에게 어떤 영향을 미쳤을까?

임순은 늘 '말하지 말라'고 입단속을 했다. '말이 씨가 된다'거나 '이 말 너하고 나만 알자'고 말했다. 아주 사소한 말이라도 두려워했다. 나는 매번 침묵을 강요하는 임순을 이해할 수 없었다. 뭐가 저렇게 무서울까? 고작 이런 말 때문에 어떻게 된다고? 사소한 말 한마디가 죽음으로 이어진 마을에서 자란 임순에게 침묵은 생존 수단이었다. 양반집이라는 이유로 말하지 말고, 보지 말고, 배우지 말고, 나가지 말라는 규범 아래 20대 중반까지 모든 행동을 제약당한 채 살았다. 이런 규범은 임순의 내면을 얼마나 옭아맸을까.

어떻게 다 참고 살 수 있었을까? 여러 번 궁금했다. 임순에게는 참거나 참지 않거나 할 수 있는 선택지가 주어지지 않았다. 글도 모르는 상태에서 혼자 집을 떠나 살 수 있었을까. 간판도 영수증도 버스 번호도 읽을 수 없었다. 세상을 인식하고 사회의 일원으로 기능할 수 있는 가장 기본적인 수단을 박탈당한 셈이었다.

임순이 태어난 1945년에 77.8퍼센트이던 문맹률은 1954~1958년 전국 문맹 퇴치 운동이 벌어지면서 1970년대에 들어

7.0퍼센트로 줄어든다.[*] 문맹이 다수이던 사회는 빠르게 문자 사회로 바뀌었다. 국가는 국민을 글자 하나 모르는 '무식의 지옥'[**]에서 하루 빨리 탈출시키려 했지만, 임순은 이 흐름에 함께하지 않았다. 지옥에서 빠져나오지 못했다.

임순이 가진 자원은 남편과 아들뿐이었다. 도희는 임순이 늘 두 사람만 위하더라고 흉을 봤지만, 극심한 남존여비 사회에서 두 남자만이 임순을 지켜줬다. 시집와 이내 아들 둘을 낳은 큰며느리라는 자리, 비교적 넉넉하고 깨끗한 살림과 화목한 가정은 임순이 남부끄럽지 않게 마을에서 살 수 있는 자부심이었다. 이런 자부심을 하나둘 잃어버리면서 임순은 점점 더 소외되고 고립됐다. 임순은 종현의 와해된 가정과 홀로 남은 자기 모습이 남부끄럽고 창피하다며 여러 번 말했다.

도희와 종현은, 가끔 임순 자신도 일을 안 한 사실을 들어 임순이 그다지 고생하며 살지 않았다고 말한다. 이런 말은 사실이라기보다는 사회적으로 '고생'이라 여겨지는 노동이 무엇인지 묻게 한다. 여성의 삶이 사회적으로 인정받으려면 가사 노동뿐 아니라 가계 부양을 위한 임금 노동까지 수행해야 할까.

[*] 유석재, 〈한국의 비(非)문해율 〈예전의 문맹률 개념〉 1.7% … 선진국 따돌렸다〉, 《조선일보》, 2008년 12월 23일.
[**] 남애리, 〈아는 것이 힘이다, 문맹퇴치운동〉, 《기록으로 만나는 대한민국》, 국가기록원(https://theme.archives.go.kr/next/koreaOfRecord/illiteracy.do).

—

임순 나이대 여성이 억척스럽게 번 돈을 대부분 자식을 부양하는 데 썼다고 생각하면, 종현과 도희가 임순에게 억척스럽지 않다고 말한 데는 자기들을 위해 더 희생해주기를 바라는 마음이 자리잡고 있었다. 종현은 임순이 땅을 팔거나 일해서 장남인 자기를 힘껏 도와주지 않아 서운한 마음이 깊었다. 아들은 어머니를 강하고 냉정한 사람이라고 비난하지만, 자식을 위해 전부 희생한 뒤 임순에게는 무엇이 남았을까? 지금처럼 집 한 채라도 겨우 건사할 수 있었을까?

임순은 경제적 자원을 전부 내버릴 만큼 어리석은 사람이 아니었고, 자식에 앞서 자기를 생각했다. 그래서 종현과 도희에게 무척 반감을 샀다. 두 사람이 달웅에게는 일관되게 긍정적인 평가를 내린 반면 임순에게는 양면적이면서 비난 위주다. 가족 안에서 여성이 남성보다 더 높은 기준과 의무, 책임을 부여받으면서 조금만 어긋나도 쉽게 비난받는 구조가 작동했다. 종현과 도희에게 좋은 평가를 받으려면, 임순은 자식을 성년까지 키울 뿐 아니라 성년이 지나도 끊임없이 경제적이고 감정적인 헌신을 보여준 뒤 손주 돌봄 노동까지 굳건히 떠안아야 했다. 달웅은 보기 드물게 폭력적이지 않고 상냥한 남자라는 점에서 언제나 비난에서 면책됐다.

임순은 서산으로 떠나기 전 예순 살까지 꾸준히 노동했다. 논농사, 밭농사, 염전 관리, 조개 캐기 등을 쉬지 않았다. 이런 노동을 바탕으로 알토란 같은 땅을 태안 여기저기에 샀다. 이런 땅이 나중에 달웅과 임순의 경제난을 해결해줬다.

시집 식구 열 명에 종현, 종규, 나은, 해인까지 임순이 밥하고 돌보고 키운 사람만 열여덟 명이다. 임순은 시집온 스물여섯부터 일흔아홉까지, 53년간 정도를 달리하며 노동을 이어왔다. 이 많은 사람을 책임지고 키운 노동의 가치는 얼마일까?

종현이 한 말대로 '전쟁' 같은 고강도 노동은 아무리 강한 사람이라도 피폐하게 만든다. 종현과 도희는 모두 임순이 우울증을 앓은 듯하다고 짐작했다. 달웅에게 '천사'라는 소리를 들을 정도로 유교적 의무를 다한 삶 때문에 임순은 무척 힘들고 괴로웠다.

달웅은 드물게 다정한 사람이었지만, 십일 남매의 장남으로서 임순에게 감당하기 힘든 삶을 부과한 장본인이기도 했다. 임순은 지금도 달웅을 사랑하는 마음이 있다고 했지만, 나는 다음 생에는 당신을 따라갈 수 없다는 말에서 죄책감 이면에 숨겨진, 달웅 때문에 살게 된 삶을 거부 또는 포기하는 선언을 읽었다.

오래전 읽은 박경리가 쓴 수필에서 지금도 기억하는 문장이 있다. '모른다는 것은 외로움입니다'*이다. 배운 사람도 자

---

* 박경리, 《문학을 사랑하는 젊은이들에게》, 현대문학, 2003.

기가 모른다는 사실을 인식할 때 외로움을 느끼는데, 읽을 수 없는 글자들을 보며 매순간 무지를 마주한 임순의 외로움은 얼마나 깊었을까.

임순은 늘 공부하지 못한 자기를 탓했지만, 나는 그 한탄에서 슬픔이나 체념보다는 억울함을, 아버지를 향한 억눌린 반항심과 공부를 향한 욕망을 발견했다. 효부상도, 남편의 사랑도, 화목한 가정도, 글을 배우지 못한 박탈감을 채울 수 없었다. 글자를 모르는 자기가 밉고 부족하게 느껴지더라는 말은 임순이 글과 세상을 향해 품은 강한 욕망을 드러낸다.

임순은 자기를 표현할 수단이 없을 뿐 늘 세상을 향한 호기심과 지적 욕구를 지니고 살았다. 임순이 들려준 이야기는 상세하고, 구조가 뚜렷하며, 교훈과 지혜가 담겨 있었다. 청자에 따라 즉석에서 줄거리를 변형하는가 하면, 평범한 사건과 사람도 임순의 입을 통하면 소설 속 주인공이 됐다. 건조한 문장만으로 구성진 입담, 노랫소리, 온몸을 쓰는 이야기를 제대로 담을 수 없었다. 그 매력이 나를 계속 임순에게 이끌었다. 고통과 슬픔과 사랑의 굴곡을 모두 넘어서는 이야기 속에서 나는 삶이란 무엇이고 어떻게 살아가야 하는지 알게 됐다.

임순은 무척이나 강하고 영리하며 놀라운 지성을 지녔다. 동시에 이런 지성을 표출한 수단과 기회를 박탈당한 채 집 안에 묶여 며느리이자 어머니로서 생애 노동과 감정적 착취에 시

—— 말년 임순 ——

달린 사람이기도 했다. 정년에서 임순, 도희까지 똑똑한 여성들은 정도는 다르지만 '미친 여자'로 그 세월을 견뎌왔다. 임순이 자기 안으로 침잠한 반면, 도희는 방향을 잘못 잡은 복수심으로 지금도 불타고 있다. 억압된 광기와 분노가 다른 여성으로 향하는 모습을 보면 언제나 정신을 바짝 차려야 한다는 교훈을 얻을 수밖에 없다.

사랑과 가족이라는 단어가 전쟁터처럼 느껴진다. 결혼과 가족 제도의 허위에 절대로 넘어가지 말아야 한다는 긴장이 나를 어디로 이끌지 알 수 없다. 내 선택도 사회 속에서 위태로운 자원을 지키려는 전략일 뿐 진심이라고 할 수 없다. 앞선 여성들의 전략이 실패한 것처럼 이 선택도 나를 기묘하게 뒤틀어놓을까? 단절과 고립, 무지라는 한계로? 임순은 의무만을 알 뿐 사랑이 뭔지 모르고 도희는 희생뿐인 사랑을 굳게 확신한다면, 내게는 사랑이라는 단어 자체가 공포다. 이 단어에 타인을 향한 연민과 애정이라는 가치도 내재해 있다는 사실을 생각하면, 사랑을 향한 불안과 두려움은 내 선택을 제약하고 나를 계속 어디로 밀어내고 있을 테다. 나만 그렇지는 않을 테다. 우리는 모두 사회적으로 만들어지고 느끼고 생각하는 존재다.

정년은 임순을 며느리로 들인 덕분에 말년에 안정된 임종을 맞을 수 있었다. 임순은 그런 마지막을 보낼 수 있을까? 가정 자체가 해체되는 지금 노인들은 대부분 시설로 간다. 임순도 시설에서 생을 마감할 가능성이 높다. 고통과 억압을 대물림하며 무급으로 가정 안에서 돌봄과 자원을 제공해온 임순 세대의 여성은 이제 가족의 일원으로 돌봄을 받으며 삶을 마감하고 싶다는 바람조차 누리지 못한 채 사라지게 될까?

오늘 하루, 임순은 깨를 터느라 바쁘다. 종현 집 마당에 큰 천을 펼쳐놓고 있다. 인간의 생로병사라는 최전선을 몇 번이고 도맡아온 사람이다. 임순의 과거, 현재, 미래에서 어느 하나 중요하지 않은 것이 없다. 어깨를 수그린 임순의 뒷모습을 보며 묻는다. '어떻게 할 것인가?' 탄생에서 죽음까지 한 인간의 삶에 관련된 사회의 책임을 되묻는 질문이다.

어떻게 할 것인가?

—